AF666033

Dies und Das

- für alle was

Dieter Mechtel

© 2024 – all rights reserved
Ideen haben Rechte! Das Werk ist einschließlich aller seiner Teile urheberrechtlich geschützt.
Jede urheberrechtswidrige Verwertung ist unzulässig.
Alle Rechte sind vorbehalten, insbesondere die Rechte der gesamten Reproduktion/des Nachdrucks sowie der Verbreitung und Übersetzung.
Kein Teil des Werkes darf in irgendeiner Form (weder durch Fotokopie, digitale Verfahren sowie PC-Dokumentation) ohne schriftliche Genehmigung des Autors bzw. des Verlages reproduziert oder in Datenverarbeitungsanlagen sowie im Internet gespeichert werden.

Text: Dieter Mechtel
Covergestaltung: Verlagshaus Schlosser
Umschlagabbildung: AdobeStock
Satz und Layout: Verlagshaus Schlosser
ISBN 978-3-7581-0102-1
Druck: Verlagsgruppe Verlagshaus Schlosser
D-85652 Pliening • www.schlosser-verlagshaus.de

Printed in Germany

Anfang-Wort

Schmunzeln ist das Lächeln der Seele. Dieses Lächeln wünschen wir uns gerade in diesen Zeiten. Dazu braucht man manchmal nur einen kleinen Anstoß.
Nachdenken ist das Privileg des Geistes. Auch er braucht hin und wieder einen Impuls, sei er groß oder klein.
Wenn Leserin oder Leser beides in den Gedichten finden, dann bin ich zufrieden.
Das Buch ist gedacht als Auswahl und Angebot je nach Laune und Stimmung mal wenig, mal etwas mehr – so wie es uns im Alltag auch zumute ist, vielleicht auch für dieses oder jenes Fest mit der Familie oder mit Freunden.
Nachdem 2022 das Buch „Allerlei Alltagsdichterei" hier im Schlosserverlag erschien und Zustimmung fand, soll dieses eine Fortsetzung sein. Deshalb wurde auch das Gliederungsprinzip der Kapitel beibehalten.
Natürlich sind nicht alle Gedichte für alle geeignet bzw. werden allen zusagen. Aber wenn dies oder das dem einen oder anderen gefallen und in der Summe für alle etwas dabei ist, dann hat sich die Mühe gelohnt und der Spaß hatte seinen Sinn, nicht zuletzt auch bei den Rätseln. So erklärt sich der Titel.
Manche Gedichte sind im Ton ernster geworden, aber eben auch die Zeiten. Die Hoffnung hingegen auf Besserung ist geblieben, ja noch stärker geworden. Sie ist als Brücke zwischen Seele und Geist unsterblich.

Gemischtes

Eierei

Irgendwann zur Osterzeit,
gab es einen Osterstreit.
Da sagte mal des Hasen Kind,
dass Menschen Eierleger sind.

Der Vater war gleich sehr verstört,
woher hast du das nur gehört?
Nicht gehört, aber gelesen,
ich bin im Internet gewesen.

Da sah ich ein Bäckerei,
ebenso ein Fleischerei,
schließlich auch ein Fischerei
und sogar ein Tischlerei.

Der Vater runzelte die Stirn,
ganz versaut ist dein Gehirn.
Es bleibt auf jeden Fall dabei.
Kein Mensch hat je gelegt ein Ei.

Zwischen Baum und Borke

Wer zwischen Baum und Borke steht,
muss entscheiden, wie es geht.
Ein Weg ist nicht akzeptabel,
der andere irreparabel.

Baum und Borke sitzen dicht,
den Zwischenweg den gibt es nicht.
Man muss den Geist nur richtig schinden,
um einen dritten Weg zu finden.

Ein kluger Mann ging in den Wald
und fand auch hier den Ausweg bald,
nämlich zwischen Baum und Strauch
und zwischen Baum und Bäumen auch.

Dick und Doof

Dick und Doof, die sagten sich,
wir gehen wandern du und ich.
So wanderten sie wochenlang.
Doof wurde schlau, der Dicke schlank.

Sie hielten durch sehr lange Zeit:
Dick und doof? – Vergangenheit.

Die Zipfelmütze

Oben auf dem Berg
sucht eifrig ein Zwerg
nach seinem Zipfel
bis hoch zum Gipfel.

Es hat keinen Zweck,
die Mütze ist weg.
Er steigt müde runter,
wird plötzlich munter.

Sie leuchtet im Strauch
seine Augen jetzt auch.

Das Nichts

Ich denk an Geld und habe keins,
nur das Nichts das ist noch meins.
Folglich existiert es ja.
Also ist das Nichts doch da.
Deshalb habe ich doch was.
Die Frage ist, was ist denn das?

Links

Er hat mit links ein Tor geschossen
und sein linkes Ding genossen.

Klassentreffen

Es ist unglaublich, aber wahr,
Abitur vor sechzig Jahr.
Die Zeit, sie ist davongebraust
und wir sind alle mitgesaust.
Leider fehlen wieder zwei,
gedanklich sind sie noch dabei.

Was auch im Lebensbuch beschrieben,
die Vertrautheit ist geblieben,
Gleichfalls mit dem Lehrerpaar,
das lieber Gast schon immer war.
Über alte Schnurren lachen,
kann auch jetzt noch Freude machen.

Gegenwart, Vergangenheit,
die Themenliste ist sehr breit.
Was ist gerade erst passiert,
auch das wird gerne diskutiert.
Gesundheit, Hobby, Enkelkind,
Probleme, die bewegend sind.

Die Schulzeit ist ein Lebenskern,
egal ob gestern oder fern.
Wenn wir auseinandergehen,
bleibt Hoffnung auf ein Wiedersehen.

Die Turmuhr

Die alte Turmuhr klagte sehr,
ich bin krank und kann nicht mehr.
Die Leute schauen zu mir rauf,
gebremst ist jetzt mein Zeigerlauf.

Einer hörte diese Klage
und verstand der Turmuhr Plage.
Er hatte sie mal repariert.
Vor sechzig Jahren war‘s passiert.

Er wollte sie erneut besuchen
und sich als Uhrenarzt versuchen.
Auch er war schon seit Jahren krank
und stieg hinauf zwei Stunden lang.

Die Menschen unten ganz gespannt
schauten nach oben wie gebannt.
Er ahnte der Patientin Wunden
und hatte sie auch bald gefunden.

Das Reparieren war nicht schwer,
Der Zeiger lief jetzt wie bisher.
Die Turmuhr sagte vielen Dank
durch ihren schönen Stundenklang.

Der Fußball

Es ist wahr, nicht unverfroren,
ich hab noch nie ein Spiel verloren.
Ich bin der wahre Fußballheld,
erst dann die Spieler auf dem Feld.

Auf den Busch

Gibt jemand lautstark an,
klopft er auf den Busch sagt man.
Ich frage mich, wie soll das gehen
und würde das sehr gerne sehen.
Ein Busch steht doch nicht überall,
höchstens mal von Fall zu Fall.

Steht er allerdings im Wald,
dann klopft auf ihn der Jäger bald.
Vielleicht hat sich hier Wild versteckt,
und es wird dadurch aufgeschreckt.
Der Jäger handelt mit Bedacht,
er gibt nicht an, gibt aber acht.

Das alte Buch

Ein altes Buch steht im Regal,
ich hole es mir manches Mal,
schaue mir den Inhalt an,
wie es mein Vater gern getan.

Dann ist mir so, als wär er hier,
ja, stünde direkt neben mir
und sagt mit feierlichem Ton:
Das ist ein gutes Buch mein Sohn.

Fremd

Ein Fremdwort wird schnell akzeptiert,
was beim Fremden nicht passiert.

Langeweile

Man nennt mich Langeweile.
Niemals bin ich in Eile.
Es war der Mensch, der mich gemacht.
Nun bin ich bei ihm Tag und Nacht.

Deshalb muss er mich ertragen
und kann sich also nicht beklagen.
Bestimmt nur Stress den Tageslauf,
fresse ich den Räuber auf.

So seh ich meines Daseins Sinn.
Der Mensch kann froh sein, dass ich bin.

Warterei 1

Erträglich ist die Warterei,
hast du die Geduld dabei.
Halt sie fest, sei zu ihr gut,
andernfalls plagt dich die Wut.

Warterei 2

Warten, damit man warten kann.
Das hört sich sicher komisch an.
Ist es nicht, denn fehlt Gerät,
gerät das Warten selbst zu spät.
Der Monteur kommt nicht, wir warten,
er soll die Maschine warten.

Die deutsche Sprache lässt das zu
und verwirrt ist man im Nu,
ja, so recht genervt dabei
durch diese Doppelwarterei.
Jetzt Gedanken schnell sortieren
und nicht den Überblick verlieren.

Das Schlagloch

Ich ging früh mit frohem Sinn
und fiel durch ein Schlagloch hin.
Bepflanzte es mit Blumen dicht
und vergaß das Gießen nicht.
Lange musste ich nicht warten.
Bald blühte hier ein Blumengarten.

Verdruss und Genuss

Die Trägheit und der Tatendrang
begleiten uns ein Leben lang.
Auf die Trägheit folgt Verdruss,
auf den Tatendrang Genuss.

Trichter

Wir nutzen Trichter überall.
Sie helfen uns von Fall zu Fall.
Doch ein Lehrer hat es schwer.
Wo nimmt er einen Trichter her,
denn er trichtert Lehrstoff ein.
Manchmal muss das eben sein,
kann auf sein Geschick vertrauen
und im Geiste selber bauen.

Jeder Schüler nicht vergisst,
was ihm eingetrichtert ist.

Streit

Worüber haben sie gestritten?
Denn das Tischtuch ist zerschnitten.
Vielleicht nur eine Kleinigkeit
und sinnlos dieser ganze Streit.

Der Gewichtsprüfer

Ohne Waage geht es nicht.
Ständig prüft er sein Gewicht,
schaut dabei auf's Gramm genau,
denn er ist gesundheitsschlau.

Einmal verfehlte er sein Ziel,
denn er sah ein Gramm zu viel.
Da kam die rettende Idee.
Die Fingernägel taten weh.

Er schnitt sie ab, schaute zur Waage –
ein Gramm weniger ohne Frage.

Frauentag in Dresden

Hallo Löwe aufgewacht,
den März schmückt heute eine Acht.
Aus Deinem Wappen steig heraus
und schenk ihr einen Blumenstrauß.
Am Frauentag sei's deine Pflicht,
drum spute dich und säume nicht.

Auf zur Gemäldegalerie,
denn Dein Präsent ist nur für sie,
die nicht nur Männer heiß verehren,
in Liebe sich zu ihr verzehren,
bei deren Blick ihr Herz erbebte,
wenn Raffaels Madonna lebte.

Umzug

Die Wohnung neu, die Wohnung gut,
gibt frisches Glück und Lebensmut.
Ist sie dazu noch groß und hell,
reifen manche Träume schnell.

Die Wohnung neu, die Wohnung gut,
gibt neue Sorgen, frische Wut.
Die Wand ist fest, der Bohrer krumm,
Das Werkzeug liegt verstreut herum.

Manches gibt es nicht zu kaufen,
die Hacken sind schon abgelaufen.
Abends schläft man ein und träumt,
wie schön wird's hier erst aufgeräumt.

Märchen

Im Märchen gibt es viele Wunder,
in unserem Alltag dafür Plunder.
Gäbs Wunder auch im Alltagsleben,
es würde keine Märchen geben.

Kein Märchenbuch der Brüder Grimm?
Dreimal nein, das wäre schlimm.
Genießen wir die Märchenwunder
und nehmen hin den Alltagsplunder.

Weihnachten

Weihnachten, du schönste Zeit,
die Familien sind bereit,
freuen sich schon wochenlang
auf Weihnachtsmannes Glockenklang.

Wir lassen uns trotz aller Krisen
die schöne Weihnacht nicht vermiesen.
Auch wenn Geschenke weniger sind,
genug erhält noch jedes Kind.

So soll es sein, doch ist die Welt
nicht überall gleich gut bestellt.
Hungersnöte, Seuchen, Kriege
töten oft schon in der Wiege.

Schenken wir von unseren Gaben
den Kindern, die jetzt nichts mehr haben.
Ade du schöne Weihnachtszeit.
Wir sind für's neue Jahr bereit.

Socken

Kalte Füße hat sie immer.
Dieses wird im Alter schlimmer.
Ihr wurde ein Paket geschickt
mit Socken darin selbst gestrickt
von ihrer Freundin, einfach so.
Sie war baff und richtig froh,
schüttelte die blonden Locken
und war einfach von den Socken.

Der Flohmarkt

Diese Vase wollte er.
Sie war bunt und gar nicht schwer.
Er hatte bloß kein Geld dabei,
nur einen Apfel und ein Ei.

Der Verkäufer sagte sich.
Die Vase hab ich sicherlich
solang ich denken kann.
Nun kommt sie endlich an den Mann.

Zwar hat er kein Geld dabei,
dafür den Apfel und das Ei.
Warum soll ich das nicht machen?
Man kann so schön darüber lachen.

Der Mann verkaufte bald die Vase
und hatte eine goldene Nase.

Pech und Schwefel

Pech und Schwefel hätt ich gern
für meine Freunde nah und fern,
damit unsere Freundschaft hält
und niemals auseinanderfällt.

Brötchen

Des Bäckers Brötchen sind heut klein.
Das soll des Meisters Botschaft sein.
Schlecht sind die Zeiten in der Welt,
schlecht ist es um das Brot bestellt.

Die Reichen werden reicher,
die Armen immer bleicher.
In der Bibel kann man's lesen,
der Mensch ist immer so gewesen.

Pandora, lass die Hoffnung frei,
der Bäcker ist schon jetzt dabei,
nur große Brötchen abzuwiegen.
Bald werden sie im Laden liegen.

Kalte Füße

Alles war schon abgesprochen,
er hat's trotzdem abgebrochen,
denn er merkte allzu bald
seine Füße wurden kalt.

Aphorismus:

Man lernt auch dies vom Grimmschen Hasen:
wer siegen will, der muss nicht rasen.

Verirrt und die Folgen:

Es war im schönen Maien,
da fuhren ihrer zweien
sehr schnell mit frohen Sinnen
und waren bald von hinnen.

Irgendwo im Nebeldunst
entschwand des Fahrers Steuerkunst.
Sie kam zurück mit einem Mal
durch des Lenzens Sonnenstrahl.

Der führte ihn zu seinem Glück
auf den rechten Weg zurück.
Am Ziele endlich angekommen,
war er dennoch leicht benommen.

Kinderreime:

Ätsche, bätsche Hampelmann,
die Geschichte fängt jetzt an.

Ätsche, bätsche ausgelacht,
der Fahrer hats verkehrt gemacht.

Ätsche, bätsche angeschmiert,
wer verkehrt fährt, der verliert.

Ätsche, bätsche Schaukelpferd,
sie sind wieder umgekehrt.

Ätsche, bätsche Katz und Maus,
die Geschichte ist nun aus.

Ruinen

Ruinen können uns berichten
von vergangenen Geschichten.
Hat der Mensch sie so gemacht,
hat es die Natur vollbracht?

Gibt es hierzu alte Sagen
oder unbequeme Fragen?
Das Wissen zur Vergangenheit
macht für die Zukunft uns bereit.

Zwerg und Riese

Ein Riese saß im Märchenwald,
er sah schlecht aus, sein Herz war kalt.
Finster schaute er auf jeden,
niemand wollte mit ihm reden.

Da kam ein Zwerg und sprach ihn an,
was fehlt dir denn, du großer Mann?
Der Riese sprach: ich bin allein,
keiner will ein Freund mir sein.

Der Zwerg gab ihm den guten Rat,
vollbringe eine gute Tat,
geh los und säubere den Wald,
dann hast du viele Freunde bald.

Hier liegt alles kreuz und quer,
es fehlt die Ordnung, sie muss her.
Wir gehen gleich den ersten Schritt,
dann räumen viele mit uns mit.

Der Riese rief sehr laut oho,
wir machen das, ich bin so froh.
Bald schon schaffte er den Rest
und alle feierten ein Fest.

Zwerg und Riese, das ist klar,
wurden so ein Freundespaar.
Und seither, man ahnt es schon,
ist die Waldkur Tradition.

Mondgesicht

Sehr hübsch war er wirklich nicht,
sie nannten ihn nur Mondgesicht.
Einmal gab es ein Gewitter
und die Folgen waren bitter.
Der Wettergott geriet in Wut,
das Wasser wurde schnell zur Flut.

Der Geschmähte rannte raus,
sofort zu des Nachbars Haus,
obwohl der ihn am meisten foppte
oder sogar richtig mobbte.
Er hatte sich ein Bein gebrochen
und kam wimmernd angekrochen.

Verwirrt sah er aufs Mondgesicht,
den kümmerte das aber nicht
schleppte ihn zum trockenen Ort,
hier holten ihn die Helfer fort.
Alle bewunderten ihn sehr.
Vom Mondgesicht sprach niemand mehr.

Der Taubenzüchter

Es lebte einst ein Original,
man nannte ihn nur Ratzekahl.
weil er eine Glatze hatte,
eine spiegelblanke Platte.

Früher zog er durch die Welt,
erhielt als Zirkusclown sein Geld.
Zu gern erzählte er Geschichten.
Von einer will ich hier berichten.
Als er sich zur Ruhe setzte,
fand er Taubenzucht das Beste
und war bald ringsum im Land
als Experte wohlbekannt.

Viele kamen angelaufen
und wollten seine Tauben kaufen.
Die suchte er sehr gründlich aus
und sie verließen nun ihr Haus.

Kurz danach da staunte er,
die Tauben flogen wieder her.
Er war darüber sehr erfreut
und verkaufte sie erneut.

Woanders fanden sie kein Glück
und kehrten wiederum zurück.
Ratzekahl war zwar gerissen,
nun aber schlug ihn sein Gewissen.

Das sagte ihm so geht es nicht,
sonst landest du noch vor Gericht.
Er verkaufte sie nochmal,
beschnitt die Flüge aber schmal.

Die Zeit verging ruckedigu,
er hatte nun vor ihnen Ruh,
machte eine Fahrradtour,
erfreute sich an Feld und Flur.

Auf dem Rückweg kaum zu glauben,
sah er alle seine Tauben.
Zu Fuß marschierten sie noch Stunden
und hatten dann ihr Haus gefunden.

Soweit Ratzekahls Bericht.
Ist es Wahrheit oder nicht?
Wer es für bare Münze nimmt,
ist selber schuld, wenn es nicht stimmt.

Tippel und Tappel

Tippel und Tappel gehen auf Tour.
Nicht schnell, sondern langsam nur.
Sie kommen in ein großes Tal.
Tippel sagt, hier warn wir schon mal.

Tappel sagt, das ist mir Wurst,
wir rasten hier, ich habe Durst.
Tippel meint, das ist mir recht.
Nur keine Hektik, die ist schlecht.

Sie haben beide keine Eile
und sitzen hier noch eine Weile.
Abends endlich geht's nach Haus.
Die Tippel-Tappel Tour ist aus.

Der Volleyball

Ein Volleyball liegt in der Halle
und fühlt sich wie in einer Falle.
Er ruft es laut: Jetzt wird es Zeit,
für die Saison bin ich bereit.

Ich will an meinem Ostseestrand
durch des Spielers starker Hand
als freier Ball gen Himmel fliegen
und mich freuen an den Siegen.

Der Schlüssel

Es packte sie der große Schreck.
Der Schlüssel war auf einmal weg.
Sie hat ihn auf den Tisch gelegt,
doch der sieht aus wie leer gefegt.

Nun kommt die Hast und auch der Zorn.
Vielleicht liegt er am Eingang vorn?
Nein, sie denkt verdrossen,
ich hab doch selber aufgeschlossen.

Das Hin und Her hat keinen Zweck.
Der Schlüssel ist noch immer weg.
Da sagt der Mann, ich kann's nicht fassen,
du hast den Schlüssel stecken lassen.

Pipifax

So mancher von uns sagt es lax,
das ist doch lauter Pipifax,
wenn jemand emsig etwas tut
und wir finden es nicht gut,
weil es eine Nichtigkeit,
die keiner braucht weit und breit.

Aber Achtung, manchmal schon
entstand daraus Innovation.

Fasching

Sie war die fesche Lola
und trug auch eine Stola.
Wenn beim Fasching alte Frauen
sich zurück zur Jugend trauen,
dann gibt die Erinnerung
ihrem Leben neuen Schwung.

Der Narr wird hier zum Therapeuten.
Er hilft sich und anderen Leuten.
Deshalb ist die Narrenzeit
wahrhaftig eine Großigkeit.

Rucksack

Mancher Rucksack auf dem Rücken
kann durch sein Gewicht sehr drücken.
Dem Träger merken wir es an,
dass er fast nicht mehr gehen kann.

Jedoch sehen wir oft nicht
den anderen Rucksack mit Gewicht.
Er ist mit Kummer voll beladen
und verursacht Seelenschaden.

So sollten wir behutsam sein,
schätzen wir den Fremden ein,
denn auch unter seinem Dach
existiert vielleicht ein Ach.

Kinderschuhe

Kinderschuhe kennt man ja,
für Kinder sind die Schuhe da.
Doch auch andere brauchen sie,
Unternehmen, ein Genie,
wenn sie Neues produzieren
und es danach präsentieren
mit dem Hinweis, alles steckt ja doch
in den Kinderschuhen noch.

Der Pinsel

Neulich hörte ich Gewinsel,
es war ein alter Malerpinsel.
„Ich bin für glatten Pinselstrich,
dicke Schlieren ärgern mich.
Wer hohe Qualität nicht ehrt,
ist auch keines Pinsels wert."

Likurela

Sie trat auf mit stolzer Pose
in einer engen blauen Hose.
Linkes Bein kurz bis zum Knie,
rechts dafür so lang wie nie.

Oben gabs einst vokuhila,
unten jetzt likurela.
So heißt der neue Modeschrei,
die Damenwelt war schnell dabei.

Der Winter hat sie nicht gestört,
zumal die Kälte aufgehört.
Auch diese Zeit geht mal vorbei.
Wie heißt dann der neue Schrei?

Krieg dem Kriege

Die deutsche Sprache ist so reich,
für den Krieg ist sie zu weich.
Kann es heut noch Gründe geben,
dieses Grauen zu erleben?

Sie sind alle ausgedacht,
immer geht es um die Macht.
Die Wahrheit haucht ihr Leben aus,
die Lüge dankt es mit Applaus.

Wenn der Mensch noch Mensch sein will,
bäumt er sich auf und hält nicht still.
Doch Einigkeit ist das Gebot
gegen Seelenraub und Massentot.

So schlimm es ist, man muss es sagen,
Frieden muss die Waffen wagen,
denn wer durch Krieg mit Waffen spricht,
versteht andere Sprachen nicht.

Egal was wird, die Hoffnung bleibt,
dass die Vernunft den Krieg vertreibt.
Der freie Geist darf nicht ersticken,
wenn wir in die Zukunft blicken.

Im Alltag tun wir unsere Pflicht.
Das Mitgefühl verlässt uns nicht.
Mich belastet alles sehr,
deshalb schreibe ich nichts mehr.

Beruf und Name

Beruf und Name, welch Gespann,
das manchmal sehr gut passen kann.
Sind beide aber Gegensatz,
dann hat das Schmunzeln einen Platz.

Hier folgen nun sowohl als auch
für das Gemüt und für den Bauch.
Ob alles stimmt? - ist doch egal,
Phantasie gibt's auch manchmal.

Der Urologe Wasserfuhr
verhindert eine feuchte Tour.

Der Sänger Schreier ist beliebt,
was auch an seinem Namen liegt.

Herr Brand ist bei der Feuerwehr,
er hadert mit dem Namen sehr.

Der Augenarzt ist Dr. Schiele.
Deshalb behandelt er auch viele.

Der Parfümeur heißt wirklich Gülle?
Er ist gewöhnt an Spott in Fülle.

Sanftleben ist des Schmiedes Name,
doch niemals grob zu einer Dame.

Unglaube auf dem Briefbogen?
Da hat der Pfarrer sehr gelogen.

Mit Blei hat sie unterschrieben,
für Ballerinen übertrieben.

Der Solotänzer Dreier heißt,
man sucht die andern zwei zumeist.

Der Architekt Herr Pappenheim
hält seinen Häuserplan geheim.

Küchenmeister heißt der Koch,
wunderbar, was will er noch?

Gutbrot heißt der Bäckersmann,
klar, was er besonders kann.

Wer Tollkühn heißt als Artist,
der sagt an, wie er ist.

Das Kosmetikstudio Rotermund
macht Frauenseelen oft gesund.

In der siebenten Generation
heißt der Metzger Rindfleisch schon.

Förster Grünwald muss nicht träumen,
er geht immer unter Bäumen.

Herr Nothdurft kann aus Ängsten retten
als Betreiber von Toiletten.

Hecht kann auch ein Name sein,
da fällt uns gleich der Fischer ein.

Der Juwelier heißt Diamant,
er wurde deshalb schnell bekannt.

Der Schuster holt den Leisten vor,
der Name klingt sehr gut im Ohr.

Kuriose Namenskunde kann
für viel Freude sorgen in der Runde.
Jeder hat bestimmt Ideen
für Verse, die genauso gehen.

Der Zaunpfahl

Weil keiner seinem Hinweis glaubte,
was ihm komplett die Nerven raubte,
war es ihm nun ganz egal,
er winkte mit des Zaunes Pfahl.

Der war riesengroß und schwer,
er verhob sich dabei sehr.
Schmerzend ließ er ihn dann fallen
und konnte nur die Fäuste ballen.

Die Fahnenstange

Vor seinem Haus die Fahnenstange
sieht man hier schon ziemlich lange.
Ein Banner hat er selbst gemacht,
darauf dies Sprüchlein angebracht:
Erreicht ist nun das dicke Ende,
jetzt ist Schluss, es folgt die Wende.

Als er Musik nun sehr laut hörte,
was ihn ungeheuer störte,
knüpfte er das Banner an
und zog es bis zum Ende ran.
Das kam dem Nachbarn komisch vor,
er las es deshalb mit Humor.

Dann gaben beide sich die Hand
und haben den Konflikt verbannt.

Licht

Als Jesus zu den Jüngern spricht,
vergleicht er sie mit einem Licht,
dass man in einen Leuchter stellt,
damit es diese Welt erhellt.
Unterm Scheffel geht das nicht,
denn niemand sähe hier das Licht.

Der Scheffel in antiker Zeit
war ein Hohlmaß weit und breit.
Dieses brauchen wir nicht mehr,
Jesus Gleichnis aber sehr,
um unser Können zu beschreiben,
ohne hier zu übertreiben.

Der Stecken

An seinem Stecken sitzt der Dreck,
er bekommt ihn nicht mehr weg.
Erst wenn er Mut hat zuzugeben,
bleibt der Dreck hier nicht mehr kleben.

Die weiße Weste

Er muss noch heute zum Gericht,
doch das stört ihn weiter nicht,
zieht die weiße Weste an,
damit er allen zeigen kann,
ich war zur Tatzeit nicht dabei,
mein Alibi ist einwandfrei.

Kopf und Kragen

Hofnarren früher brauchten Mut.
Die Wahrheit tat nicht allen gut.
Wägen mussten sie und wagen,
riskierten dennoch Kopf und Kragen.

Hofnarren gibt es heut nicht mehr,
die Wahrheit aber braucht sie sehr.

Das Geld

Wirft jemand Geld zum Fenster raus?
In Wirklichkeit sieht es so aus.
Die Vernunft will Geld verwenden,
der Leichtsinn aber wills verschwenden.

Die neuen Schuhe muss sie kaufen,
kann jedoch darin nicht laufen.
Ein neues Auto oder keins?
Der Nachbar hat doch auch schon eins.

So rinnt das Geld als Bächlein munter
aus dem großen Konto runter
in das tiefe Alltags-Tal
und versickert allemal.

Hinterher wird dann gemeckert,
wir haben unser Geld verkleckert,
können uns nun wie die meisten
nur einen Auslandsurlaub leisten.

Das Brett

Im Großen Ganzen ist die Welt
mit vielen Brettern vollgestellt.
Schon Noahs Kopf der rauchte,
welche Bretter er so brauchte.

Sie sind für dies und das gemacht,
nicht aber für den Kopf gedacht.
Doch gibt es manchen sturen Tropf,
der hat gerade dies an seinem Kopf.

So läuft er quasi blind herum
und alle halten ihn für dumm.
Das stimmt zwar nicht, doch allemal
ist der Alltag für ihn Qual.

Hosen

Hosen hat er stets genug,
aber nur mit Gummizug.
Hosenträger wie die meisten
kann er leider sich nicht leisten.

Wenn die Zeiten schlechter sind,
holt er den Gürtel aus dem Spind
und schnallt ihn immer enger noch,
notfalls bis zum letzten Loch.

Die Fassung

Sie hatte einen Edelstein,
der war besonders groß und rein.
Eine Fassung lag noch hier,
sie ging erfreut zum Juwelier.

Der schaute sich den Schmuckstein an,
danach war die Fassung dran.
Sie suchte hin und suchte her.
Die Fassung fand sie jetzt nicht mehr.

Sie murmelte, wo ist sie bloß
und war total nun fassungslos.
Der Juwelier hat sie entdeckt
in ihrer Handtasche versteckt.

Ringkampf

Die Königstochter Adelgunde
gab ihren Ring der Ritterrunde.
Wer den Ring erkämpfen kann,
den wollte gerne sie zum Mann.
Ringkampf wurde das genannt,
Kunibert gewann die Hand.

Auch heute geht es noch ums Ganze,
ebenfalls mit Schwert und Lanze,
doch virtuell, ich denke da
durchaus an Social Media.

Genderschach

Reich ist das Schachspiel an Legenden,
alte und junge, die nicht enden.
Eine neue wird begründet
und hier das Genderschach verkündet.

Vier Bauern, viermal Bäuerin,
zum Läufer kommt die Läuferin.
Ein Springer wird jetzt Springerin,
ein Turm desgleichen Türmerin.

Dame klingt nach alter Welt,
wird nun zur Königin bestellt.
So haben wir, für alle klar,
beim Schach ein neues Herrscherpaar.

Wenn auch das alte Schach gefiel,
wird nun daraus modernes Spiel,
hat matt gesetzt die alte Zeit
und ist zum Genderschach bereit.

Vergangenheit

Ich las bei Wikipedia,
als ich die Online-Störung sah.
Ich hatte aber Gott sei Dank
noch ein Lexikon im Schrank.

Ich nahm es raus gedankenschwer
und dachte jetzt lang lang ist's her.
So holte ich für mich ein Stück
Vergangenheit erfreut zurück.

Kobold

Der Kobold ist eine Figur,
den gibt's in alten Sagen nur.
Davon soll es viele geben
überall im Alltagsleben.
Sie spielen gerne Schabernack
mit vielem Schnick und manchem Schnack.
Ich stell mir vor, insgesamt
veräppeln sie das Kanzleramt.

Der Schlag

Er war ein Mann schmal von Figur
und redete drei Worte nur.
So erschien er Tag für Tag,
das änderte sich mit einem Schlag.
Die Schultern waren breiter,
er sprach viel, war auch sehr heiter.

Sein Freund hatte sehr gebeten,
ihn terminlich zu vertreten.
Er lehnte ab, stimmte dann zu
und hatte damit vor ihm Ruh.
Ja, nun musste er es wagen,
denn er war jetzt breitgeschlagen.

Schön gefärbt

Als eine elegante Frau
geht sie gerne grau in grau.
Dadurch wirkt sie sehr bescheiden,
viele mögen sie gut leiden.

Wenn sie redet, tut sie kund,
ihr Leben sei sehr schrill und bunt,
rückt sich selbst ins helle Licht,
bescheiden ist das wirklich nicht.

Dennoch bleibt sie stets dabei.
Sie färbt in einer Färberei.
Also hat sie in Wahrheit recht
Schönfärberei ist hier nicht schlecht.

Risiko

Wer ein Risiko will wagen
riskiert vielleicht Kopf und Kragen,
ist dann ganz und gar verloren.
Es reichen ja auch beide Ohren.

Sprüche

Wie kommt die Laus zur Leber hin,
das hat doch alles keinen Sinn.
Er ist vergnatzt und schlägt die Tür,
was kann die kleine Laus dafür.

Im Mittelalter hieß es wohl
lieber eine Laus im Kohl
als gar kein Fleisch. Das gab es nicht,
und man aß seufzend das Gericht.

Liegt der Hase auch im Pfeffer
ist das kein aktueller Treffer.
Da liegt der Hund begraben
wolln wir nicht mehr haben.

Sprüche aus der alten Zeit,
ist Wissen der Vergangenheit.
Wir brauchen neue hier und heute,
das verstehen alle Leute.

Dieselllock

Es fuhr mal eine Diesellock,
die hatte einen Dieselbock,
sprang aus ihren Schienen raus,
kam danach ins Krankenhaus.

Vorschläge:

Wer hat dein Handy denn zerlatscht,
gemeint ist, er wirkt sehr zerknatscht.

Er hat einen starren Blick,
gemeint ist der Computertick.

Der hat im Kopf doch keine App,
gemeint ist hier, er ist ein Depp.

So sind wir in der Gegenwart
und schneiden ab den langen Bart.

Fahrrad und Omnibus

Das Fahrrad und der Omnibus,
die gaben sich mal einen Kuss.
Der Omnibus verschmachtete,
das Fahrrad voll verkrachtete.

Betrogen

Der Doktor sollte bei ihm schauen,
man hat ihn übers Ohr gehauen.
Doch keine Wunde war zu sehen,
was war in Wirklichkeit geschehen?
Der Arzt erklärte ihm den Sinn,
die Wunde ist im Kopfe drin.
Sie wurden fürchterlich betrogen.
gehen sie zum Psychologen.

Gipfeltreffen

Sie trafen sich auf dem Brocken.
Die Tagesordnung war ein Brocken.
Sie saßen eng auf einer Bank,
denn alle kamen von der Bank.
Die Aussicht für die Zukunft trübe.
In das Land die Aussicht trübe.

Das Ergebnis bleibt geheim.
Da macht sich jeder seinen Reim,
Im Tale rauschen alle Wipfel,
was für ein Treffen auf dem Gipfel?

Verstand?

Der Schöpfer gab uns den Verstand,
doch setzen wir den in den Sand,
weil wir wirklich es nicht schaffen,
zu vernichten alle Waffen.
Desgleichen mit dem Klimawandel,
der ist doch kein Börsenhandel.

Wann verliert er die Geduld,
weil er sagt, selber schuld?

Der Husten

Der Husten sprang von Haus zu Haus
und suchte sich ein Opfer aus.
Schon beim ersten angekommen
hat er sich ´ne Frau genommen,
sein Ziel jedoch nicht ganz geschafft,
sie trank gerade Hustensaft.

Drei Brüder

Der Mittelpunkt lud Brüder ein.
Der Höhepunkt der sollt es sein.
Auch der Tiefpunkt war gemeint.
So waren alle drei vereint.

Jeder dient in seinem Reich,
jeder ist dem anderen gleich.
Sie gestalten unser Leben,
sind dem Schicksal treu ergeben.

Matrjoschka
Fünf bunte Puppen

Alle sind dick,
alle sind schick.
Die erste sehr groß,
die zweite nur groß,
die dritte in der Mitte,
die vierte klein,
die fünfte sehr klein.

Fünf, vier, drei, zwei
passen fein
in die erste rein:

Fünf in die vier
Fünf und vier
in die drei
Fünf, vier, drei
in die zwei
Fünf, vier, drei, zwei
in die eins.

Und umgekehrt:

Zwei mit drei, vier, fünf
aus der eins.
Drei mit vier, fünf
aus der zwei.
Vier mit Fünf
aus der Drei
Fünf aus der Vier.

Rein und raus,
raus und rein.
So soll es sein.

Ohren, Ohren

Er ist ein Ohrenspezialist
und sieht, wie uns zumute ist.
Quillt es aus ihnen raus,
war zu üppig heut der Schmaus.

Wenn dahinter grün noch dran,
ist es noch ein junger Mann.
Daneben steht ein kleines Wort,
das merkte er sich nicht sofort.

Glühen aber seine Ohren,
hat er wohl sein Herz verloren.
Auch darüber muss er schauen,
hat man ihn übers Ohr gehauen?

Wenn faustdick etwas geblieben,
ist er sicher sehr durchtrieben.
Falls alles oben zugedeckt,
er wohl in viel Arbeit steckt.

Hält man sich die Ohren zu,
will man sicher seine Ruh.
Hat man die Ohren aufgemacht,
hört man schneller als gedacht.

Und mit Bohnen in den Ohren
hat er sein Gehör verloren.
Rote Ohren, weil gelogen
und die Wahrheit ist verbogen?

Was sagt uns der kleine Mann,
der im Ohre sitzen kann?
Wer nicht auf die Ohren schaut,
hat im Leben viel versaut.

Augensand

Wer Sand in die Augen kriegt,
wird im Kampf leichter besiegt.
Gladiatoren und auch Ritter
erfuhren diese Wahrheit bitter.

Soweit die Vergangenheit.
Wie ist es in moderner Zeit?
Gestreut wird heut im ganzen Land.
Jedoch mit Worten, nicht mit Sand.

In die Augen auch nicht mehr,
ins Gehirn dagegen sehr.
Lügen rasen um die Welt
von Menschen überall bestellt.

Ritter und Gladiatoren
wären heute kleine Toren.
Der Sandmann bleibt die Lichtgestalt
sowohl für jung als auch für alt.

Schlankheitswahn

Ihr Leben stand schon auf der Kippe,
sie war bald nur noch ein Gerippe.
Vom Schlankheitswahn verführt
hat sie kaum Essen angerührt.

Jede Absicht gut gemeint
wird übertrieben bald zum Feind.
Sie hat den Wahn nun überwunden
und zur Vernunft zurückgefunden.

Imposant

Sie lag am Strande irgendwo
und hatte bald viel Sand im Po.
Den Mann daneben unbekannt
fand sie äußerst imposant.

Der Bodenfund

Manchmal kann das Schicksal winken.
Ihm gefiel der alte Schinken,
hat ihn gekauft für wenig Geld
und zu Hause hingestellt.

Erst nach einem ganzen Jahr
erfuhr er, dass es wertvoll war.
Das Bild galt als Verlust gebucht
und wurde deshalb nicht gesucht.

Sechsstellig der Verkaufsbetrag,
für ihn ein wahrer Feiertag.

Träume

Ein Kind spielte auf dem Rasen.
Es blies freudig Seifenblasen.
In Farben wie ein Regenbogen
sind sie leicht davongeflogen.
Sie kamen alle nicht sehr weit
und platzten schon nach kurzer Zeit.

Ein Mann sah hier in aller Ruh
dem Seifenblasenkinde zu.
Er dacht zurück wohl siebzig Jahr,
als er selbst ein Kind noch war.
Die Blasen sind für ihn ein Traum.
Das Kind rührt neuen Seifenschaum.

Der Ärmel

Sie hat ihr Wissen aufgerüttelt
und aus dem Ärmel rausgeschüttelt.
Das geht so nicht an heißen Tagen,
dann will sie keinen Ärmel tragen.

Haarspalterei

Es ist kein Korn, sondern ein Körnchen,
es ist kein Horn, sondern ein Hörnchen.
Um solche Kleinigkeiten
kann er sich endlos streiten.

Die Freunde haben reagiert
und ihm diesen Spruch spendiert:
Kommen sie bei mir vorbei,
hier lernen sie Haarspalterei.

Rathaus

Es ist schon viele Jahre her,
da galt im Volke eine Mär.
Gehst du ins Bürgermeisterhaus,
kommst klüger du heraus.

Ich hab mich vorher informiert
und das selber ausprobiert,
Vier Stunden saß ich dort im Amt
für nur ein Formular – verdammt!

Als ich aus dem Rathaus kam,
war ich an Geist und Gliedern lahm.
Also das Fazit der Geschicht:
Diese Mär stimmt wirklich nicht.

Lebensfaden

Es sind in einem Spinnenreich
die meisten Spinnenfäden gleich.
Der Mensch spinnt auch den Lebensfaden,
den bunten, krummen und geraden.

Zwar unsichtbar, doch stets präsent,
den man gern die Seele nennt.
An diesem Faden hängt das Leben,
er wird niemals weggegeben.

Reißt er sanft oder mit Knall,
schwebt er fort ins Weltenall.

Augenfrust

Auf dem Bildschirm eine Frau,
die kannte er schon ganz genau.
Sie lobte eine Geldanlage,
sehr eifrig viele Mal am Tage.

Da stand er auf und rief im Gehen,
ich kann die Frau dort nicht mehr sehen.
Kurz danach da kam er wieder,
und setzte sich im Sessel nieder.

Endlich war die Frau verschwunden,
sein Augenfrust nun überwunden.

Wischlappen und Waschlappen

Sie hingen beide auf der Leine,
Wisch der Große, Wasch der Kleine.
Wisch zu Wasch, in unserem Reich
sind wirklich alle Lappen gleich.

Nein meinte Wasch, ich säubere Teller,
du nur den Boden und den Keller.
Aber, sprach Wisch, es ist bekannt,
Versager sind nach dir benannt.

Die Leine aber hat gedacht,
das hat Wisch sehr gut gemacht.

Feuer und Flamme

Feuer und Flamme machen heiß,
da ist man offen für den Preis.
Er sah ein Bild mit Öl gemalt
und hat viel Geld dafür bezahlt.
Weil er bis heute sich erfreut,
hat den Kauf er nie bereut.

Das Genie

Der Winzer liest den Wein.
Nach der Reife schenkt er ein.
Hat er wirklich viel gelesen.
ist er schlauer als gewesen.
Jahr um Jahr klug wie noch nie.
So wird er schließlich ein Genie.

Weihnachtsbaum

Er war zum Fest sehr reich geschmückt,
sein Luxustraum schien ihm geglückt.
Schnell verlor er dann sein Leben.
Auch bei uns soll es das geben.

Die Besenwette

Vom Wetten war er ganz besessen
Und wollte einen Besen fressen,
wenn er verlöre die Partie.
Das passierte ihm noch nie.

Der Besen hörte das im Schrank.
Ihm wurde deshalb Angst und Bang.
Er lebt auch heute noch dort,
kehrt freudig allen Hausdreck fort.

Zu frühes Lob

Morgens ist der Himmel klar
für zwei Angler wunderbar.
Der Mittag kommt, die Sonne sticht,
die Fische aber beißen nicht.
Am Abend nasse Winde toben.
Man soll den Tag nicht früh schon loben.

Es war einmal

Es war einmal – ich weiß es nicht.
Drum ist zu Ende das Gedicht.

Das Bauchgefühl

Eine Frage wird gestellt,
doch sein Geist ist nicht erhellt.
Er überlegt nun hin und her,
die Antwort aber fällt ihm schwer.

Ist es a, b oder c?
Sein Bauchgefühl sagt, es ist b.
Tatsächlich hat er damit recht.
Seine Ahnung war nicht schlecht.

Er hatte aber sofort schon
die richtige Intuition.

Staubsauger

Der Staubsauger schrie zum Fussel,
ich saug dich weg, du Dussel.
Das wars gewesen
sprach der Besen.

Der Teppich

Den Teppich hat er arg verschmutzt
und ihn danach wie wild geputzt.
Er hörte nicht auf seine Frau,
die wusste es hier ganz genau.

Du machst alles nur noch schlimmer,
der Teppich ist versaut für immer.
Sie stellt ihm eine Schüssel hin
mit Kartoffelsuppe drin.

Die löffelt er alleine aus.
Ein neuer Teppich kommt ins Haus.

Narretei

Er wurde damals schon bewundert.
Das war im 14. Jahrhundert.
Nur ein Narr konnte es wagen,
die Wahrheit ungeschminkt zu sagen.
Mit Geist und Witz tat er das
und hatte dabei sehr viel Spaß.

Lebte er heute, das ist klar,
er wär der größte Medienstar
und hätte völlig ungeniert
sein Opfer ganz und gar blamiert.
Bei welcher großen Narretei
wäre er wohl jetzt dabei?

Neue Krimis

Es ist ja allgemein bekannt,
wir sind hier ein Krimiland.
Und werden leider ungehemmt
mit vielen Krimis überschwemmt.
Krimi hier, Krimi dort,
einen fast von jedem Ort.

Natürlich auch von Fluss und Seen,
anders kann es ja nicht gehen.
Am Nachmittag geht's schon los
der Täter ist meist chancenlos.
Auch wer Krimiserien mag
wird bedient fast jeden Tag.
Zwei, drei Krimis auch am Abend
sind erquickend und sehr labend.

Für die Karriere wunderbar
Kommissarin, Kommissar.
Als solche sind sie uns bekannt,
sonst werden sie ja kaum genannt.

Ermittelt wird nicht nur in Nord
auch im Ausland gibt's viel Mord.
Nenn alle Titel weit und breit,
dann brauchst du wirklich sehr viel Zeit.

Doch es gibt, man glaubt es kaum,
noch keinen Mord im Weltenraum.
Allpo Venus, Allpo Mond,
das wäre Stoff, der sich lohnt.

Oder vielleicht auch Soko Mars?
Ich hör jetzt auf, machts gut, das wars.

Wahrheit und Lüge 1

Die Wahrheit ist kostbares Gut,
weshalb wir sparsam sie verwenden.
Das aber tut der Lüge gut,
die reichlich wir verschwenden.

Die Wahrheit ist kostbares Gut.
Wir wollen sie verschwenden.
Das täte dann uns allen gut,
weil viele Lügen enden.

Wahrheit und Lüge 2

Die Wahrheit und die Lüge,
die waren beide mein.
Die Wahrheit ward zu Wasser,
die Lüge ward zu Wein.

(Albert von Schlippenbach
- geb.1800, gest. 1886 -
dichtete in seinem Wanderlied statt
Wahrheit und Lüge Heller und Batzen)

Talentförderung

Ein Maler und ein Geiger,
die treffen sich im Pub.
Der Geiger spielt Sonaten,
der Maler malt ihn ab.

Das Bild wird gleich versteigert,
die Gäste bieten viel,
die beiden Künstler staunen
und sind damit am Ziel.

Das Geld bekommen Kinder,
die freuen sich so sehr.
Sie geigen und sie malen
und üben jetzt noch mehr.

Der Wacher

Mein Schlaf hat einen großen Feind,
der Wacher ist damit gemeint.
Er nistet hinter meiner Stirn
und putscht auf das ganze Hirn.

Dann rast und rast der Verstand,
der Schlaf ist so komplett verbannt.
Erst wenn der Wacher nicht mehr kann,
holt der Schlaf ihn irgendwann.

Letztendlich hat der Schlaf gewonnen,
Doch wieviel Zeit ist so verronnen?

Modern, modern

Barbier oder Figaro,
früher hießen sie mal so.
Dann kam Friseur, jetzt Hairstylist,
weil englisch ja in Mode ist.

Lustig ist, die Zeit zu tauschen,
um neuen Opern so zu lauschen.
Bei Rossini Hairstylist,
der ein Friseur bei Mozart ist.

Wer das Lied von Fritze Bollmann kennt,
der weiß, dass er Barbier sich nennt.
Wollen wir modern es singen,
würde es jetzt so erklingen:

Fritze Bollmann kam in'n Himmel.
Lieber Petrus lass mir durch,
denn ick bin ja Fritze Bollmann,
Hairstylist aus Brandenburch.

Die Mittagsruh

Die Ziege hatte nichts zu tun,
und beschloss, sich auszuruhn.
Jedoch auch in der Mittagsruh,
meckerte sie nun immerzu.

Auch der Hofhund brauchte Ruh,
er ärgerte sich nun immerzu,
weil er das Ziegenmeckern hörte,
was ihn ungeheuer störte.

Er sprach ärgerlich zur Ziege,
siehst du nicht, dass ich hier liege,
auch ich brauche meine Ruh
und du meckerst immerzu.

Die meckerte nun richtig los,
ich frage mich, was hast du bloß,
ich meckere doch immerzu,
auch in Zeiten deiner Ruh.

Da ging der Hund zur Ziege ran
und fing laut zu bellen an.
Vorbei wars mit der Mittagsruh
durch meckern, bellen immerzu.

Nun folgte laut ein Hofgeschrei,
denn alle Tiere warn dabei.
Hahn und Hühner, Ochs und Kuh,
alle schrien jetzt immerzu.

Dann kam ein Komponist vorbei,
der war begeistert vom Geschrei.
Er sang sofort auf Englisch mit
und machte daraus einen Hit.

Besteckprinzip

Messer, Gabel, Löffel,
die reichen völlig aus
in unserem ganzen Leben
für jede Art von Schmaus.

Wenn wir das überdenken,
können wir das Dasein lenken.

Was wir brauchen, das muss sein,
Überfluss ist nicht das Ziel.
Keine Gier, bescheiden bleiben,
das gewinnt im Leben viel.

Verzicht

Der eine will und kann es nicht,
der andere kann und will es nicht.
Das Fazit hier lautet schlicht:
Bei beiden ist es ein Verzicht.

Blümchenkaffee

Kaffee, Kaffee schon am Morgen,
bremst sehr gut die Tagessorgen.
Auch nachmittags ist Kaffeezeit,
der Kuchen liegt dazu bereit.

Ein Blümchenkaffee darfs nicht sein.
Mit Freude schenkt die Hausfrau ein.
Der Kaffee duftet würzig frisch,
die Blümchen stehen auf dem Tisch.

Geld und Kohle

Brennstoff Kohle ist bekannt,
so wird oft auch Geld genannt,
beide unverzichtbar wichtig,
Geld als Kohle deshalb richtig.

Doch in Zukunft fällt das schwer,
Kohle gibt es dann nicht mehr.
nur noch Öko-Energie
oder solche aus Chemie.

Kohle passt nicht mehr fürs Geld,
auch hier räumt sie das alte Feld.
Welcher Name wär modern?
Das wüsst ich selbst doch gar zu gern.

Halt, ein Name fällt mir ein,
Hydro könnte es doch sein.
Die Basis hierfür ist H2.
Ich wäre ganz bestimmt dabei.

Friede, Freude, Eierkuchen

Friede, Freude, Eierkuchen,
dieses Land wollt ich besuchen.
Im Süden und im Norden
ist nichts daraus geworden.

Im Osten und im Westen,
da hielt man mich zum Besten.
Ich war dann noch im Märchenwald,
gab es aber auf sobald.

Hab mich krumm und lahm geschunden,
nirgendwo etwas gefunden.
Auch Sarastros Priesterreich
kommt diesem Ideal nicht gleich.

Dies Wunderland gab es noch nie,
es ist Produkt der Phantasie,
kann es auch real nicht geben,
schnell erstickte hier das Leben.

Der Vorschlaghammer

War ein neuer Vorschlaghammer,
schimpfte laut, es ist ein Jammer.
Ich schlage viele Dinge vor,
keiner leiht mir hier sein Ohr.

Sie wollen alle ihre Ruh.
Ist mir egal, ich schlag voll zu.
Der Amboss sagte, das ist gut,
so bezwingst du deine Wut.

Hammer und Amboss

Allein der Amboss wird geschlagen,
das kann er sehr gut vertragen
und ist dadurch nicht passiv,
sondern duldend höchst aktiv.

Des Hammers Energie verpufft
ohne Amboss in der Luft.
Beide sind sich gleich im Leben,
entweder oder kanns nicht geben.

Die kleine Kirche

Die Kirchenglocken läuten laut.
Die Kirche aber ist sehr klein.
Da drängt sich der Gedanke auf,
soll sie ein Vorbild für uns sein?

Karussell

Vor mir das kleine Karussell
bewegt sich langsam, manchmal schnell.
Durch die runde Dreherei
kommt gleich derselbe Mensch vorbei,
so wie der Nachbar nebenan,
mit dem man viel erzählen kann.

Viele drehen ihre Runden,
steigen aus und sind verschwunden.
Neue stehen schon bereit
für die nächste Kreiselzeit.
Wenn der Motor nicht mehr will,
bewegt sich nichts und es steht still.

So kann es uns ein Beispiel geben
für unser ganzes Alltagsleben.

Alles grün

Die Zimmerwände sind verblichen,
er hat sie neu grün angestrichen,
sagt nun bei Problemen gleich,
alles ist im Grün-Bereich.

Jeans

Seine Jeans waren verschlissen,
ja sogar am Knie gerissen.
Also stopfte er sie leider
in die Box für alte Kleider.

Dann plagt ihn sein Gewissen
warum er sie nicht wegeschmissen,
denn sie war ja schon verschlissen,
und sogar am Knie zerrissen.

Nach ein paar Tagen dann
sah er einen jungen Mann
in einer Jeans, die war verschlissen,
und sogar am Knie gerissen.

In dem Moment da fiel ihm ein,
das soll ja jetzt die Mode sein.
Er wollte solche Jeans nicht mehr,
wenn es so ist, bitte sehr.

Beruhigt ist nun sein Gewissen.
Diese Jeans so verschlissen,
und sogar am Knie gerissen
hat er nicht in den Müll geschmissen.

Jeansrest

Er zog nur Nietenhosen an.
Sie stärkten sein Gefühl als Mann.
Bei einer blieb nur noch ein Rest.
Sie war nicht niet- und nagelfest.

Ungeduld

Ungeduld kann stressig sein.
Da gibt es Hilfe, fällt mir ein.
Draußen kann man sehr oft sehen,
dass Hundehalter Gassi gehen.

Hunde schnüffeln hier und dort,
untersuchen einen Ort,
und zwar gründlich ohne Eile,
das kann dauern eine Weile.

Das Herrchen schaut in aller Ruh
seinem Liebling hierbei zu.
Irgendwann hört er dann auf
und weiter geht der Gassilauf.

Das wiederholt sich manches mal.
Dem Herrchen ist das ganz egal.
Ihm ist alles sehr bekannt,
deshalb bleibt er ganz entspannt.

So ein Spaziergang ist gesund,
für ihn selbst und für den Hund.
Geduld befördert Harmonie,
Mensch und Tier brauchen sie.

Reizt die Ungeduld den Geist,
das Gegenmittel also heißt:
Gehst du Gassi in Gedanken,
hältst du die Ungeduld in Schranken.

Aufrechter Gang

Gesund ist der aufrechte Gang.
Der Geist bleibt frisch, der Körper schlank.
Doch ist deren Spannung weg,
fällt man sehr schnell in den Dreck.

Null

Die Null ist für mich allemal
am interessantesten als Zahl.
Alleine ist sie ohne Wert,
mit anderen Zahlen sehr begehrt.

Verächtlich eine Null nennt man
den, der gar nichts schaffen kann.
Vielleicht ist jener richtig gut,
wenn er es mit Partnern tut?

Eitelkeit

Von Beginn der Menschheit an
wächst der Bart bei einem Mann.
Der Schöpfer hat die Frau belohnt
und sie von dem Bart verschont.

Dazu gab er für alle Zeit
Ihr stets vorlaute Eitelkeit.
Die Frau pflegt eifrig die Frisur.
Der Mann begnügt sich mit Rasur.

Untergang

Es war einmal ein Königreich,
da waren alle Menschen gleich.
Ob König, Diener, böse, brav,
sie fanden alle keinen Schlaf.

Es herrschte hier schon lange Zeit
immer nur viel Zank und Streit.
Fast jeder dachte nur an sich
und ließ die anderen im Stich.

Es war wirklich eine Plage
und erfüllt die alte Sage,
das Königreich wird untergehen,
wenn sich die Menschen nicht verstehen.

Forscher fanden noch Ruinen,
die uns jetzt zur Mahnung dienen.

Der Schlaf

Er ist ein launischer Gesell,
kommt gar nicht, langsam oder schnell,
ist Hans Schlaf in allen Gassen,
man kann sich nicht auf ihn verlassen.
Es ist für mich deshalb ganz klar,
stets ist er unberechenbar.
Egal, ob hin, egal ob her,
trotzdem brauchen wir ihn sehr.

Später Schlaf

Nachts
Ich kann nicht schlafen, so ein Mist,
schlimm, wenn man wach seit Stunden ist.
Langsam bin ich ganz benommen.
Warum will der Schlaf nicht kommen?

Morgens
Endlich, endlich irgendwann
schlich er sich zu mir heran.
Ich habe ihn gar nicht bemerkt,
er hat ein wenig mich gestärkt.

Bier

Biere sind seit alter Zeit
Getränke für die Männlichkeit.
Der Bierbauch ist deshalb Symbol
für des Mannes Kraft und Wohl.

Allerdings in neuer Zeit
ist ebenso die Frau bereit,
viele Sorten zu probieren
und Geschmäcker zu studieren.

Jedoch sie achtet dabei auch
weiter auf den schlanken Bauch.

Magdeburger Dom

Das Orgelspiel war wie ein Ruf.
Hier lernst du wer den Dom erschuf.
Ich habe dort ganz still gesessen
und kurz den Weltenschmerz vergessen.

Für kurze Zeit war ausgeblendet
alles, was Probleme sendet.
Ganz ruhig ging ich dann hinaus
aus diesem großen Gotteshaus.

Zirkus

Artisten, Tiere, einen Clown
kennen wir als Kinder schon.
Ein zweiter Zirkus ist bekannt,
er wird auch Politik genannt.

Clownerien und Dressuren
hinterlassen ihre Spuren.
Im ersten nur in einem Zelt,
im zweiten in der ganzen Welt.

Standesamt und Gericht

Weil sich ein Paar zur Ehe traut,
wird es im Standesamt getraut.
Wenn es im Gericht geschieden,
hat es anders sich entschieden.

Gedankenranken

Ich stell mir vor, die Gedanken
wandeln sich zu Efeuranken.
Die Sahara auf der Stelle
wäre grün sekundenschnelle.

Die Ranken hielten Gletscher fest
und bewahrten so den Rest.
Der abgeholzte Regenwald
wäre wieder grün sehr bald.

Ein Geschenk für Mutter Erde,
damit sie wieder grüner werde.
Und der Mond, denkt euch nur,
würde leuchten mit Frisur.

Socken und Henkel

Wer die beiden hat erfunden,
dem muss man Respekt bekunden.
Noch vor dem Rad und vor dem Feuer,
bis heute praktisch ungeheuer.

Taschentuch

Ein Taschentuch ist von Nutzen,
weil wir die Nase damit putzen.
Wenn aber etwas sehr verstaubt,
dann ist das Putzen nicht erlaubt.

Ballade vom Ritter Dagobert

Einst lebte Ritter Dagobert.
Er war mal leider eingesperrt,
weil er Kunigunde raubte
und davonritt, dass es staubte.

Sein Pferd brach sich dabei ein Bein.
Der Vater holte schnell ihn ein
und war rasend wütend wild,
nahm ihm Lanze, Schwert und Schild.

Dabei schrie er laut du Wurm,
dich sperr ich in den Hungerturm.
Mit einem Strick band er ihn fest
und wünschte ihm dazu die Pest.

Kunigunde ganz erbleicht
flehte laut es reiht, es reicht.
Bitte Vater lass es sein,
doch dessen Herz war wie ein Stein.

Kunigunde dachte nun,
was kann für Dagobert ich tun.
Und sie kam zu dem Entschluss,
dass sie ihn jetzt befreien muss.

Sie wollte dabei alles wagen
und des Vaters Wut ertragen,
sonst bliebe hungrig eingesperrt
ihr geliebter Dagobert.

Sie kannte nämlich einen Trick,
nahm den großen Fesselstrick
und warf ihn auf die Schnelle
in des jungen Ritters Zelle.

Der hat sich sogleich abgeseilt
und ist dann davongeeilt.
Die Jungfrau nahm den Strick zurück
und sah ihm nach ein kurzes Stück.

Der Vater glaubte immer noch,
der Räuber sitzt im Hungerloch.
Inzwischen hatte er bereut,
dass er den Ritter so verbläut.

Er sah die Tochter aschefahl,
und ihm war klar mit einem Mal,
ihr Liebster ist der Dagobert.
Der war nun leider eingesperrt.

Der Vater ging auf leisen Sohlen,
um ihn aus dem Turm zu holen.
Er schaute rein und sah ihn nicht,
da plötzlich ging ihm auf ein Licht.

In dem Moment gabs viel Geschrei.
Sein ärgster Feind ritt laut herbei,
denn er wollte Kunigunde,
so schrie es laut aus seinem Munde.

Da ritt heran auf schnellem Ross
Dagobert mit einem Tross.
Er kämpfte mit ihm Zahn um Zahn
und vertrieb den Grobian.

Der Vater holte Kunigunde
und gab sein Ja zum Ehebunde.
Die Mutter führte froh die Maid
in ihrem allerbesten Kleid.

Nonsenswald

Warm schien die Sonne, es war kalt,
da schwamm ein Raubfisch durch den Wald,
hatte aber keine Zähne,
dafür eine große Mähne.

Er setzte sich auf einen Baum,
der war so klein, man sah ihn kaum.
Im Geäst ein Eichelhäher
schrie ganz leise, komm doch näher!

Er meinte einen jungen Hirsch,
der half dem Jäger bei der Pirsch
auf eine Waldmaus mit Geweih,
wie ein Spießer höchstens zwei.

Da rief ein Fuchs mit weißem Fell,
ich bin als Eisbär langsam schnell
und komme grad vom Nordenpol,
die Hitze dort tat mir nicht wohl.

Ein Wildschwein kam mit Trauermine
und spielte lustig Mandoline.
Der Uhu schimpfte immerzu,
gab mit Beifall keine Ruh.

In den Eichen hingen Zapfen
braungebacken wie die Krapfen,
dafür Eicheln in den Buchen,
winzig klein, man musste suchen.

Der Abend nahte, es war hell.
Die Pilze wuchsen jetzt ganz schnell.
Wenn kalt des Nachts der Morgen graut,
sind alle Hüte abgetaut.

Es ist Zeit, wir müssen gehen,
sagen nicht auf Wiedersehen,
sagen auch nicht tschüss bis bald.
Es gibt ihn nicht, den Nonsenswald.

Klettverschluss

Praktisch ist ein Klettverschluss,
wenn man etwas schließen muss.
Beendet ist die Fummelei
und man spart noch Zeit dabei.

Senkel und Wecker

Nervt uns jemand mit Geplänkel,
geht er sehr uns auf den Senkel.
Wir sagen das so leicht daher,
das zu verstehen fällt mir schwer.

Nervt uns jemand mit Gemecker,
geht er sehr uns auf den Wecker.
Wir sagen das so leicht dahin,
hier versteh ich Grund und Sinn.

Der Senkelspruch aus alter Zeit
wird zwar genutzt noch weit und breit,
doch ich brauche ihn mitnichten
und kann gern darauf verzichten.

Hammer und Nagel

Der Hammer sprach zum Nagel,
was bist du ohne mich,
du würdest nutzlos liegen,
denn niemand bräuchte dich.

Der Nagel sprach zum Hammer,
was bist du ohne mich,
du würdest nutzlos liegen,
denn niemand bräuchte dich.

Peterei

Drei Peter sind uns sehr bekannt,
Struwel, miese, schwarzer genannt.
Ich stell mir vor, sie treffen sich
in einer Kneipe sicherlich.

Der Schwarze holt die Karten raus,
der Struwel spendet ihm Applaus.
Der Miese nervt mit seinem Frust
und hat zum Spielen keine Lust.

Nun bringt der Wirt Fleisch vom Schwein,
fein gehackt, so muss es sein.
Peter heißt es sagt er laut.
Der Miese ist nun aufgetaut.

Vier Peter sitzen nun am Tisch,
der Wirt spendiert Getränke frisch.

Dichter und Gärtner

Des Dichters Keim liegt im Kopf,
des Gärtners Keim im Blumentopf.
Des Dichters Blume ist ein Reim,
des Gärtners Blume schmückt das Heim.

Lösungsweg

Er stand vor einem Absperrgitter
und kam nicht weiter, das war bitter.
Die Suche nach dem Lösungsweg
führte ihn zum kleinen Steg.
So kam er schließlich doch ans Ziel.
Deshalb ist wenig manchmal viel.

Vier Geschwister

Die Vorsicht und das Risiko
machen viele Forscher froh.
denn die Balance von beiden
hilft ihnen beim Entscheiden.

Auch der Leichtsinn und der Mut
sind für mache Forscher gut.
Leichtsinn drängt sie zum Probieren
und der Mut dann zum Studieren.

Ki Ka Künstler

Ihr Künstlername Ging Gang Gong.
Sein Künstlername Ping Pang Pong.
Beide sangen Singsang Song,
ein ni na neues Chi Chanson.

Kurz danach gabs schi scha schon
die erste Pi pa Position,
auch beim Song Eurovision.
Sie wurden Kult der Ni Na tion.

Glückspilz und Pechvogel

Ein Prinz ging durch den Märchenwald
und machte vor dem Glückspilz Halt.
Ein Vogel saß unter dem Hut.
Leider ging es ihm nicht gut.

Er hatte Pech in dem Gefieder
und klebte fest daran immer wieder.
Der Prinz nahm ihn zu sich mit nach Haus,
wusch nun des Vogels Pech heraus.

So half er ihm zu seinem Glück.
Der Vogel flog dankbar zurück.
Solltest du ein Glückspilz sein,
denk auch an das Vögelein.

Ach du grüne Neune

Wer „ach du grüne Neune“ sagt,
ist überrascht, manchmal verzagt.
Woher er kommt, das ist uns fern,
der Spruch ist alt, nicht mehr modern.
Moment, vielleicht macht er noch Sinn,
schaut man zu den Grünen hin.

Gemeinwohl

Außen hart und innen weich
lebt die Muschel hier im Teich.
Innen hart und außen weich,
denke ich an Steinobst gleich.

Dieser klare Gegensatz
hat auch bei uns Menschen Platz.
Gelingt hier gleichsam die Balance,
hat Gemeinwohl eine Chance.

Kunststein

Im Goldring sitzt geschliffen fein
funkelnd ein sehr großer Stein.
Er ist nicht echt, ist künstlich nur,
weil nicht gemacht von der Natur.

Mir egal, so denke ich,
denn er bleibt sehr schön für mich.

Nachdruck

Der Text ist alt, das Buch noch jung.
Ein Nachdruck als Erinnerung.
Ich kann es deshalb wieder lesen
im Aussehen wie es einst gewesen.

Mir egal, so denke ich,
wozu ein Original für mich?

Briefmarke

Sie ist sehr selten und begehrt,
für Sammler aber ohne Wert.
Ein Zacken ist nicht mehr dabei,
der Druck jedoch noch einwandfrei.

Mir egal, so denke ich,
wozu ein Original für mich?

Skulptur

Jeden Tag schau ich sie an,
die Figur aus Porzellan.
Der kleine Riss am kleinen Zeh
tut dem Gesamteindruck nicht weh

Mir egal, so denke ich,
das Kunstwerk ist ja nur für mich.

Münze

Durch Goethe hat die Münze Wert,
er wird prägend hier verehrt
Die Platte ist nur schwach poliert.
Das hat mich nicht interessiert

Mir egal, so denke ich,
die Münze ist ja nur für mich.

Dreiklang

Ob Sonne, Mond, ob Sterne,
sie sind nahe und auch ferne,
speisen Weltensehnsucht, Phantasie.
Das Menschsein geht nicht ohne sie.

Speisen

Entenbraten

Die Ente hat's ihm angetan,
denkt er an sie, tropft ihm der Zahn,
weil alle seine Essgedanken
sich um den Entenbraten ranken.

Käse

Käse isst er gar zu gern,
aus dem Harz mit Kümmelkern.
Als der einmal weggelaufen,
musste er sich neuen kaufen.

Kicherei

Das Essen hat sehr gut geschmeckt.
Der Teller sah aus wie geleckt.
Pikant der Kichererbsenbrei.
Danach gabs eine Kicherei.

Streuselschnecke

Der Bäcker um die Ecke
bäckt eine Streuselschnecke.
Knusprig ist der Streuselrand,
dafür ist sie auch bekannt.

Drinnen aber buttrig weich
verführt sie so zum Kaffee gleich,
den ich später trinken muss.
Umso größer der Genuss.

Saure Gurken

Wer saure Gurken gerne isst,
dabei bestimmt nicht sauer ist.

Perfekte Harmonie

Petersilie, Koriander
harmonieren miteinander
Ihre Würze nicht zu knapp
rundet die Geschmäcker ab.

Ein grünes Blättchen ganz zum Schluss
verstärkt den optischen Genuss.
Sie verdienen Sympathie,
denn auch heilen können sie.

Pilze

Die letzten Tage waren mild,
der Regen ist geflossen.
Ganz in Ruhe äst das Wild,
jetzt wird im Wald geschossen.

Menschen, Tieren ist nicht bange.
Die Pilzsaison ist voll im Gange.
Pilze sammeln ist von Nutzen,
doch man muss sie danach putzen.

Es ist so bei der Putzerei,
als liefe jetzt ein Film dabei.
Hier der Steinpilz, der am Rand
zu Beginn am Wege stand.

Die Marone glänzt so braun,
einfach herrlich anzuschaun,
dabei frisch und keine Made,
dieses wäre wirklich schade.

Wie ein Schwamm der Morchelhut,
würzen Pfifferlinge gut?
Dieser hier ist gelb wie Sand,
auch ist der Butterpilz pikant.

Zwei Stunden suchen wär ein Ziel,
zum Putzen braucht man doppelt viel.
Danach schneiden wir sie klein
und füllen sie in Beutel ein.

Nun gleich in die Kältetruhe,
endlich Schluss, noch keine Ruhe.
Lange bleiben sie hier frisch,
bis man sie holt zum Mittagstisch.

Alle Finger pilzig braun
als Arbeitsfarbe anzuschaun.
Viel Wasser muss nun fließen,
um das Ende zu genießen.

Schmackhaft ist ein Pilzgericht,
Fleischportionen braucht man nicht.
Ist der Korb mal wirklich leer,
Waldesluft entschädigt sehr.

Des Sammlers Herz erfreun zugleich
andere Pilze farbenreich.
Rot, weiß, gelb, sie leuchten stolz
im nassen Gras und Unterholz.

Hat er den Fliegenpilz gesehen,
hält er an und bleibt kurz stehen.
Am Abend sind die Augen zu,
die Pilze lassen keine Ruh.

Butterkremtorte

Es sind zwei süße Worte
Butterkrem und Torte.
Gemeinsam köstlich - ein Genuss,
den man entspannt erleben muss.
Ein heißer Kaffee kommt hinzu.
Nun hat die Schlemmerseele Ruh.

Der Fresser

Er hatte viel zu viel gegessen,
nein, er hat sogar gefressen
durch seine riesengroße Lust
auf eine krosse Entenbrust.

Er schluckte sie in kurzer Zeit,
doch war der Magen nicht bereit,
rumorte ständig voll und ganz
und hielt den Schlaf sehr auf Distanz.

Schließlich schlief er doch noch ein
und schwor am Morgen Stein und Bein:
Die Lust verführt mich nicht nochmal,
ab heute esse ich normal.

Speisetrend

Ein Gast bestellte öfter mal
Filet vom Schwein im Stammlokal.
Der Koch hat es vehement
sichtbar röstig abgeflemmt.

Der Gourmet probiert recht froh,
denn das Fleisch ist innen roh.
Er geht auch hier mit der Zeit
und ist für jeden Trend bereit.

Bald wird es völlig roh serviert,
damit der Koch sich nicht blamiert.
Darauf natürlich Salz und Pfeffer
als aktueller Mode-Treffer.

Der erste Kuchenkrümel

Er fiel heimlich aus dem Kuchen,
deshalb musste ich ihn suchen,
hab ihn aber nicht gefunden,
er blieb einfach ganz verschwunden.

Wo ist der bloß frag ich mich?
Hat sich verkrümelt sicherlich.

Der zweite Kuchenkrümel

Ein Kuchenkrümel sprang zur Erde
auf dass er mal ein Kuchen werde,
wie aus dem Samen eine Pflanze.
So dachte er und ging aufs Ganze.

Als er unten angekommen,
wurde er gleich weggenommen.
Ein Spätzlein hatte ihn erblickt
und geschwinde aufgepickt.

So verlor er schnell das Leben,
sein Irrtum wurde nicht vergeben.

Körper und Geist

Träume

Was man im Leben nicht erreicht,
das geschieht im Traum vielleicht.
Viele Wünsche bleiben offen,
hier sind sie dann eingetroffen.

Auf dem Konto reichlich Geld
und eine Reise um die Welt.
Als Angler einen großen Fang,
gesund zu sein ein Leben lang.

So geben Träume uns auch Kraft.
damit man gut den Alltag schafft.

Einfall und Zufall

Des Menschen Geist gleicht dem Vulkan,
er speit Gedanken himmelan.
Sie fallen auf die Erde nieder,
wir finden sie als Einfall wieder.
Mischt hier auch noch der Zufall mit,
geht es vorwärts Schritt für Schritt.

Kreuzworträtsel

Die Lösungswörter kreuzen sich,
dennoch ist alles ordentlich.
Ist Waagerecht zum Beispiel schwer,
hilft es beim Senkrecht umso mehr.
So ein Zusammenspiel macht Sinn
und ist dann geistiger Gewinn.

Silbenrätsel

Eine jede Silbe steht
geordnet nach dem Alphabet.
Man sucht hier eifrig und entdeckt,
wie ist das Lösungswort versteckt.

Die Silben werden nun verglichen
und bei Erfolg dann durchgestrichen.
Übrig bleibt ein Silbenrest,
der sich zum Schlusswort bilden lässt.

Die Goldmedaille

Er hatte sie schon eingeplant,
ein anderer hat abgesahnt.
Der Sieger strahlt im Rampenlicht.
Begriffen hat er es noch nicht.

Der Ohrwurm

Ein Ohrwurm gab dem Musikus
seinen großen Musenkuss.
Der schrieb sofort im Rhythmus Beat
ein aktuelles Party-Lied.
Der Ohrwurm flog zum Festival,
schnell sangen alle mit mi Saal.

Kinderspielplatz

Wenn Kinder spielen, schau ich zu
und spüre sofort große Ruh.
Vor mir pulsiert die Kinderwelt,
der Alltagsfrust ist abgestellt.

Nun stellt sich auch die Freude ein,
ich selber bin auf einmal klein.
Kann es etwas Schöneres geben,
als kleine Kinder zu erleben?

Leider kann ich hier nicht bleiben
und verlass das bunte Treiben,
schau zufrieden noch zurück
und freu mich über dieses Glück.

Zahn auf Zahn

Wahn

Die Devise Zahn um Zahn
beschreibt genau des Menschen Wahn,
der sich bekriegt um Macht und Geld
und Schrecken bringt in diese Welt.
Bei Zahn um Zahn kämpft man verbissen,
des Friedens Schärpe ist zerrissen.
Auge um Auge kommt hinzu,
die Menschheit findet keine Ruh.

Auch die Hoffnung ist verletzt.
Stirbt sie wirklich ganz zuletzt?

Zeit

Auf unserer Erde weit und breit
begleitet uns die liebe Zeit.
Eines wissen wir genau,
sie ist sicher eine Frau.

Sie webt Kleidung für die Erde,
damit diese schöner werde.
Ist irgendwann sie abgetragen,
kann sie mit Zähnen sie zernagen.

So kommt es, dass man heute sagt,
dies ist vom Zahn der Zeit zernagt.

Saurier
Ein Forscher fand dereinst vor Wochen
einen großen Saurierknochen.
Eifrig grub er weiter aus
und holte einen Schädel raus,
mit großen Zähnen noch bestückt,
darüber war er sehr beglückt.

Viele Zähne fehlten noch.
Einer lag im Grabungsloch.
Den barg er unversehrt im Nu,
und legte einen Zahn noch zu.

Arzt
Überflüssig zu erwähnen,
der Zahn der Zeit nagt an den Zähnen.
Wir pflegen sie so gut es geht,
doch manchmal ist es schon zu spät.

Der Schmerz verfolgt uns in die Betten,
der Zahnarzt muss uns nun erretten.
Er hats geschafft, wir danken sehr
und wollen bald nicht wieder her.

Zahnräder
Räder mit Zähnen ohne Reifen
sollen nicht fahren, sondern greifen
ineinander Zahn für Zahn.
So treiben sie Maschinen an.

Haare
Sie setzt sich durch, behauptet sich
und ist dabei nicht zimperlich.
Und wenn sie lacht, Gott bewahre,
sieht man auf ihren Zähnen Haare.

Alter
So mancher Mensch, der schon betagt,
ist auch vom Zahn der Zeit benagt.

Irrtum
Sie suchte Arbeit wochenlang
und fand sie auch, Gott sein Dank.
Als sie den Verdienst erfuhr,
begann sie eine neue Tour.

Sie hat sich nämlich vorgestellt,
woanders gäbe es mehr Geld.
Das war ein Irrtum, ungelogen.
Der Zahn der wurde ihr gezogen.

Bahn
Der ICE der Bundesbahn
fährt mit einem Affenzahn.
Aus den Zoos den Affenzahn
bekommt die Deutsche Bundesbahn.

Weisheit
Wenn die Kinderzeit vorbei
sind Weisheitszähne an der Reih.
Die Weisheit kommt erst mit den Jahren,
wenn wir viel denken und erfahren.

Wären Zähne erst zu sehen,
wenn die alten langsam gehen,
würde Weisheit honoriert.
Schade, dass das nicht passiert.

Fremdwort

Allein der Name sagt es schon,
der Hintergrund ist Migration.
Viele wissen es nicht mehr,
ihr Zugang ist schon lange her.

Das war schon immer ganz normal,
vielleicht erhöht sich jetzt die Zahl.
Auch unser großer Wörterschatz
hat in anderen Sprachen Platz.

Das Fremdwort ist als Gegenwart
zugleich ein guter Zukunftsstart
und dient uns jetzt für alle Zeit
als Brücke zur Vergangenheit.

Burnout

Der Doktor sagte klar und laut,
die Diagnose heißt Burnout.
Ich empfehle ein Gehege,
studieren sie Schildkrötenpflege.

Beobachten sie tagelang
vor allem ihren ruhigen Gang
und überhaupt ihr ganzes Wesen,
dann werden sie sehr bald genesen.

Der Patient schritt zur Tat
und befolgte Doktors Rat.
Bald hatte ihn der Stress verlassen
er nahm nun alles ganz gelassen.

Arthrose

Der Landwirt pflegt in jedem Fall
das liebe Vieh in seinem Stall.
Ihn plagen sehr Arthrose-Schmerzen,
er hat keinen Bock zum Scherzen.
Es geht nicht nur ums liebe Vieh,
es geht auch um das liebe Knie.

Falten

Wie wir es auch halten,
das Alter bringt Falten.
Gibt es sie nur bei den Alten?
Nein, auch viel Lachen
können diese machen.

Ebenso kommen die Runzeln
vom ausgiebigen Schmunzeln.
Auch Kummer und Leid
halten Falten bereit.

Woher sie auch kommen,
sie graben sich ein.
Sie künstlich zu glätten,
das lassen wir sein.

Lebensspuren im Gesicht
bleiben und vergehen nicht.
Hin und wieder nicht egal,
ansonsten aber ganz normal.

Schuppenaugen

Ein Angler hatte das Problem,
er sah nicht scharf wie ehedem,
weshalb es öfter mal geschah,
dass manchen Biss er nicht mehr sah.

Jeden Tag war er am Wasser
und wurde hier immer blasser.
Schließlich fing er gar nichts mehr
und sein Kescher blieb ganz leer.

Der Augenarzt machte ihm klar,
warum er schlecht beim Angeln war.
Sie haben Schuppen vor den Augen,
weshalb sie nicht zum Fischen taugen.

Gönnen Sie sich eine Pause
und entspannen Sie zu Hause.
Spazieren Sie den See entlang.
Das macht außerdem noch schlank.

Er befolgte diesen Rat
und bemerkte in der Tat,
Schuppen lagen überall,
in Zimmern und im Hühnerstall.

Nach vier Wochen zog er los,
wie war sein Erstaunen groß.
Er sah nun klar wie ehedem
und gelöst war sein Problem.

Körperlinge

Der Augenblick ist in Eile,
er liebt keine Langeweile.

Das Konzert ist leider aus,
es war ein wahrer Ohrenschmaus.

Er ist nicht geizig und kein Held,
deshalb gibt er Fersengeld.

Vorlaut ist er und nicht leis
der überschlaue Naseweis.

Das war der falsche Zungenschlag,
weil er den Nachbarn gar nicht mag.

Der Kniefall überzeugt fast jeden,
wer so bittet, muss nicht reden.

Der Fingerzeig hat großen Wert,
wenn eine Sache ganz verkehrt.

Wer diese Karte hat gezogen,
der wurde ganz bestimmt betrogen.

Geburtstag

Das Lebensjahr ist nun vergangen,
heut hat ein neues angefangen.
Es klopfte schon an deine Tür,
doch du kannst eher nichts dafür.

Du kommst aus deiner Mutter Schoß,
als kleines Kind zog sie dich groß
und blieb dabei ihr Leben lang.
Glückwunsch ihr und tausend Dank.

Glückwunsch Dir, es freut uns sehr,
du bist bei uns und noch viel mehr.
Heut ist dein Lebenstag im Jahr,
wir sind bei dir, wie wunderbar.

Logik

Wo man viel Gequassel liebt,
es schließlich auch Schlamassel gibt.
Wer also Gequassel meidet,
auch nicht im Schlamassel leidet.

Zwerge und Riesen

Zwerge sind ja Mythenwesen.
Davon haben wir gelesen
in Märchen und in alten Sagen
aus längst vergangenen Tagen.

Stell dir vor, sie lebten noch,
das gibt es nicht, oder doch?
Dann gäbe es zum guten End
ein extra Zwergenparlament.

Nun tauschen wir die Zwerge aus,
Riesen werden jetzt daraus.
Das wäre ein Gewinn wie nie
für unsere Demokratie.

Die Bibel

Durch Luther ist die Bibel
für Christen Menschheitsfibel,
denn alles, was uns heut bewegt,
ist hier ausführlich dargelegt.

Geschichte, Doku, Poesie,
bieten Raum für Fantasie.
Gläubig oder nicht im Leben,
diesen Schatz, den muss man heben.

Zahlenmalerei

Einmal eins ist eins,
besser noch als keins.
Zwei mal zwei ist vier,
es liegt jetzt an dir.

Drei mal drei ist neun,
da kann sich jeder freun.
Vier mal vier ist sechzehn,
du sollst nicht so frech sehn.

Fünf mal fünf ist fünfundzwanzig,
leider ist die Butter ranzig.
Sechs mal sechs ist sechsunddreißig,
sehr gern ist der Kluge fleißig.

Neunundvierzig – sieben mal sieben,
der Reim ist hier verdreht geblieben.
Acht mal acht ist vierundsechzig,
welcher Störenfried erfrecht sich?

Neun mal neun ist einundachtzig
und der jüngste Enkel macht sich.
Zehn mal zehn ist Hundert,
das hat mich nicht verwundert.

Glückwunsch zum 70.

Wer siebzig ist, der macht sich
viel Hoffnung für die Achtzig.
Bis dahin ist noch sehr viel Zeit.
Dafür bist du jetzt bereit.

Wir hoffen, es sind gute Jahre
egal ob grau, ob keine Haare.
Wir wünschen dir, das Herz schlägt mit
und du bleibst geistig frisch und fit.

Hast du die Achtzig dann erwischt,
werden die Karten neu gemischt.

Auch mit Achtzig geht es gut

Wer erklommen hat die Achtzig
freut sich zu Recht und macht sich
Gedanken, wie es weitergeht,
hofft, dass man alles übersteht
und ist immer eingedenk,
jedes Jahr ist ein Geschenk.

Du hast es bis hierher geschafft,
spürst in dir genügend Kraft,
bist im Kopf vor allem klar,
so wie es bisher immer war.
Weiter wird es dir gelingen,
Deinen Lieben Glück zu bringen.

Darum auf auf mit neuem Mut.
Auch mit der Achtzig geht es gut.

Fußballfan

Er ist ein Fan und was für einer,
so wie er, so ist sonst keiner.
Fußball heißt die Leidenschaft,
die ihn erregt mit voller Kraft.

Man sieht es schon an seiner Stirn,
dahinter brodelt das Gehirn.
Im Traum sieht er die Meisterschale
und dazu noch so viel Pokale.

Das Vereinsemblem ist tätowiert
am Hals und Oberarm platziert.
Er wollt es auch am Schlafanzug.
Die Frau nahms weg, „es ist genug!"

Die Prüfung

Er hat sie nicht ernst genommen.
Deshalb musste es so kommen.
Es half kein Hoffen und kein Beten,
er ist mit Pauken und Trompeten
als einziger von allen
krachend durchgefallen.

Bildbetrachtung

Ich schau ein neues Bild mir an
und staune, was der Künstler kann.
Was will er mir damit sagen?
Leider kann ich ihn nicht fragen.

Ich überlege hin und her,
mir fällt die Antwort richtig schwer.
Dem Maler ist das wohl egal,
Gedanken haben freie Wahl.

Sie fliegen in den Weltenraum,
geben Stoff für einen Traum,
verweilen kurz im Regenwald,
machen auch im Alltag halt.

Ja, Moment, da fällt mir ein,
das könnte doch die Botschaft sein.
Niemals hätt ich so gedacht.
Das hat des Malers Kunst gemacht.

Boxerschläge

Mit dem Gongschlag heißt die Kunde,
es beginnt die erste Runde.
Im Ring beschützt er sein Gesicht,
des Gegners Schläge will er nicht.

Danach geht es in die Kantine,
hier isst er viel mit froher Mine
und bittet um noch einen Schlag
weil er den Hunger gar nicht mag.

Auf Pflaumenkuchen freut er sich,
Schlagsahne viel ganz sicherlich.
Es freut ihn dann noch obendrein
bleibt ungeschlagen sein Verein.

Der Schlag bei Frauen kommt hinzu
und raubt ihm öfter seine Ruh.
So schlägt er sich durchs ganze Leben,
von seinem Schlag solls viele geben.

Mode

Für den Zeitgeist ist sie richtig,
für mich jedoch nicht so wichtig,
denn ich lasse mir nicht sagen,
was soll ich wann und wo wie tragen.

So ist mein Anzug beste Ware,
ich habe ihn schon viele Jahre,
behalte immer mein Gewicht.
Einen neuen brauch ich nicht.

Oft höre ich ganz bestimmt,
dass man keine Socken nimmt
mit kurzen Hosen und Sandalen
weil die Modisten es befahlen.

Wenn meine Füße frieren
werde ich das ignorieren.
Frau Merkels Anti-Modemut
find ich ausgesprochen gut.

Im Gegensatz zu Volkes Brauch
ist Mode ein labiler Hauch.
Was früher einmal trendig war
kehrt zurück in welchem Jahr?

Briefe

Früher hat man an die Lieben
Briefe öfter mal geschrieben.
Wenn möglich Schönschrift Schritt für Schritt.
Damals schrieb das Auge mit.

Es ist vorbei, was einmal war,
solche Briefe sind heut rar.
Ausgedient hat nun der Stift.
Es lebe die Computerschrift!

Wie wird es in der Zukunft sein?
Ich weiß es nicht, mir fällt nichts ein.
Moment, dann fallen alle Schranken,
denn man scannt gleich die Gedanken.

Unterschied

Der Autor hat ein Buch geschrieben,
dass seine Leser sofort lieben.
Er weiß nun, dass er richtigliegt
und seine Zweifel sind besiegt.

Es ist ein Rat vom Orthopäden,
der Grund für manche Körperschäden
ist, dass man im Bett nicht richtig liegt
und sogar manchmal Schmerzen kriegt.

Deutsche Sprache

Ade, ade ihr Brüder Grimm,
mit unsrer Sprache steht es schlimm.

Wir gehen shoppen und nicht kaufen,
wir wollen joggen und nicht laufen.
Ein Friseur heißt Hairstylist,
das Weihnachtslied nur englisch ist.

Influencer gibt es viele,
Games heißen jetzt die Spiele.
Krimis nennt man gern auch Thriller,
schaurig mit brutalem Killer.

Wir sehen eine Casting-Show,
den Kaffee trinken wir to go
Neu und modern ist auch das Splitting,
Nun gibt es auch noch Quiet Quitting.

Wir essen schnell mal Fast-Foot-Snack,
und wandern mit dem Bodybag.
In England heißt das Leichensack.
Makaber ist hier der Geschmack.

Da denke ich an Heinrich Heine,
und ihr ahnt schon, was ich meine:
„Denk ich an Deutschland in der Nacht,
Dann bin ich um den Schlaf gebracht."

PS.

Der Gipfel ist, wenn man sich nennt
Manager für Last-Event.

(s. Rätsellösung Nr. 44)

Mensch und Genie

Nicht immer geht die Geisteskraft
einher mit guter Eigenschaft.
Man kann ein großer Denker sein,
jedoch zugleich fies und gemein.

Wir sollten hier beides trennen,
aber es auch klar benennen.
Das Genie bleit so real
und keineswegs nur ideal.

So können wir es beim Studieren
als ganzen Menschen akzeptieren
und denken auch bei jedem Schritt
den Zweifel und die Schwächen mit.

Altersgedanken

Du stehst am Grabstein und kannst lesen,
wie lang das Leben ist gewesen.
War er sehr alt, dann denkst du dir,
kommt der Tod bald auch zu mir?
War sie noch jung, fällt dir ein,
was mag der Grund gewesen sein?

Der Friedhof ist ein großes Buch,
man sieht den Segen und den Fluch.
Du kommst dort an gedankenleer
und gehst davon gedankenschwer.

Vier Augen

Er hat jetzt vier Augen,
nur zwei zum Sehen taugen.
Zwei drücken auf je einen Zeh
und tuen in den Schuhen weh.

Gefühle

Gefühle kann man nicht erfinden,
sie kommen oder sie verschwinden.
Einerseits ein großes Glück,
andererseits ein Schritt zurück.

Vergesslichkeit

Er litt an Vergesslichkeit.
Deshalb gab es oftmals Streit.
Was hat er gestern früh gegessen?
Aus, vorbei, er hat's vergessen.

Er entschloss sich endlich nun,
ich muss was dagegen tun.
Wie löste er nun das Problem,
damit er denkt wie ehedem?

Weil er nicht weiß, dass er vergisst,
hat er Vergessen nicht vermisst,
erinnert sich was einmal war
und fühlt sich wieder wunderbar.

Zipperlein

Im Alter kriegt man Zipperlein.
Sie kommen meistens nicht allein.
Sie knacken hier, sie zwicken dort
oft an einem anderen Ort.

Schließlich sagen sie ade,
endlich tut dir nichts mehr weh.
Der Kreislauf ist kurz unterbrochen.
Schnell kommen neue angekrochen.

Tolles Paar

Das Alter und der Starrsinn,
die sind ein tolles Paar.
Man will es oft nicht glauben,
doch ist es leider wahr.

Erinnerungen

Im Alter blickt man oft zurück,
erinnernd an das Kinderglück.
Mir fallen dabei Dinge ein,
die waren damals schon sehr klein.
Jedoch die großen bleiben blass.
Ich frage mich, wie kommt sowas.

Eine Chemo ist nicht lustig

Eine Chemo ist nicht lustig.
Eine Chemo ist nicht schön,
denn da muss man sich beschränken
und sehr oft nur langsam gehn.

Hol-la-hi, hol-la-ho.
Das macht einen mürbe so.

Regelmäßig Infusion.
Sie dauert gut vier Stunden.
Die Onko-Schwestern warten schon.
Die Kraft ist ganz verschwunden.

Hol-la-hi, hol-la-ho.
Das macht einen mürbe so.

In der Rechten ein Glas Wasser
In der Linken eine Pille.
Das Gesicht ist jetzt viel blasser
und viel öfter ist man stille,

Hol-la-hi, hol-la-ho.
Das macht einen mürbe so.

Hoffend auf ein gutes Ende
erträgt man brav die ganze Qual,
träumt schon von des Lebens Wende,
verflucht den Krebs zum x-tenmal.

Hol-la-hi, hol-la-ho.
Das macht einen mürbe so.

Die Chemo hab ich hinter mir
und spüre täglich neues Glück.
Lieber Arzt, ich danke dir.
Langsam kehrt die Kraft zurück.

Hol-la-hi, hol-la-ho.
Ich werde wieder lebensfroh.

Blutabnahme und CT,
die Kontrolle ist ja gut.
Ach, das tut ja gar nicht weh.
Ich tanke neuen Lebensmut.

Hol-la-hi, hol-la-ho.
Ich bin wieder lebensfroh.

Klopapier

Wie wichtig ist uns Klopapier?
Es ist ja klar, das brauchen wir.
Reißen's von der Rolle ab,
nicht zu viel und nicht zu knapp.

Doch wo genau, das frag ich mich,
bestimmt von vorne sicherlich.
Auch von hinten tun es viele.
Ist der Zufall hier im Spiele?

Wer genau weiß das denn schon?
Gespalten ist hier die Nation.
Das ist Stoff für Philosophen
und nicht für die Alltagsdoofen.

Die Sitzung (eine Alltagsballade)

Die Zeit muss sein fast jeden Tag,
egal, auch wenn man es nicht mag.
Wenn es sein muss, muss es sein,
und zwar in Ruhe und allein.

Sitzt man gerade oder krumm,
spielt das Radio, bleibt es stumm?
Wird genutzt die Langeweile
oder ist man sehr in Eile?

Alles läuft, wie's laufen soll,
alles kommt, das ist doch toll,
wenn alles ganz normal passiert
und der Körper funktioniert.

Nimmt man noch ein Buch zur Hand
oder starrt nur an die Wand?
Langsam naht das Ende schon,
da klingelt laut das Telefon.

Ist die Neugier nicht zu groß,
bleibt man sitzen, stürmt nicht los.
Wer das Handy hat dabei,
dem ist das ja einerlei,

Doch das Klingeln hört nicht auf,
nun will man hin in schnellem Lauf,
ergreift das Telefon erregt,
der Anrufer hat aufgelegt.

Flink geht's zurück, die Hose klemmt,
da fällt man hin, es reißt das Hemd,
sitzt erneut, wenn auch benommen,
gut, dass man wieder hergekommen.

Langsam kehrt jetzt Ruhe ein,
höchste Zeit, die muss noch sein.
Die braucht man auch für das Papier,
Es liegt jedoch bereit schon hier.

Die Sitzung ist für heut zu Ende,
erleichtert wäscht man sich die Hände.
öffnet das Fenster und denkt froh,
wie praktisch ist doch so ein Klo!

Ri, ra, rutsch

Ri, ra, rutsch,
wir fahren keine Kutsch.
Tri, tra, trendy,
wir fahren mit dem Handy,
wir surfen auf der Onlinewelle
manchmal langsam oder schnelle.
Die große Welt ist nun so klein
und passt in unser Handy rein.
Wir tasten, schmecken, riechen nicht,
ein starrer Blick prägt das Gesicht.

Ri, ra, rutsch,
wir gut wär eine Kutsch.
Tri, tra, trendy,
doch bitte ohne Handy!

Der Hobel

Er schneidet flink die Bretter glatt,
weil er ein scharfes Eisen hat.
Ist aber nicht gedacht fürs Leben,
es würde keinen Fortschritt geben.

Philosoph und König

Es lebte an des Königs Hof
ein sehr bekannter Philosoph.
Er sprach die Wahrheit offen aus
und ärgerte das Königshaus.

Der König fragte ihn sodann,
warum tust du mir das an?
Wie die Antwort ist gewesen,
kannst du hier sogleich lesen:

Man hört sie gern, wenn angenehm
und gar nicht gern, wenn unbequem.
Die angenehme nimmst du hin,
die unbequeme ist Gewinn.

Wer klug Kritiken nutzen kann,
der gewinnt und kommt voran.

Natur

Pusteblume

Die gelben Blütenblätterlein
sollen Löwenzähne sein.
Die fallen nach und nach heraus
und aus dem Leu wird eine Maus.

Die ist fleißig, denn sie spinnt
die Früchtefädchen für den Wind.
Der pustet sie nach da und dort
zu einem unbekannten Ort.

Ist er zu schwach, dann pusten gerne
Kinder sie in weite Ferne.
Vielleicht in ein anderes Land?
Die Pustekinder sind gespannt.

Petrus

Petrus dreht am Wasserhahn,
der Regen fällt in seiner Bahn.
Hat er vergessen, ihn zu schließen,
hört es nicht mehr auf zu gießen.

Wolkenkuss

Die Wolke gibt uns einen Kuss
mit ihrem frischen Regenguss.
Bei Hitze ist er uns willkommen
und wird gerne angenommen.
Regnet lange es am Tage,
wird die Küsserei zur Plage.

Der Krokus

Der Krokus drängelt aus der Erde,
damit es endlich Frühling werde.
Mit seinen Blüten violett
ruft er ihn an, es wär doch nett,
wenn du den Winter schnell vertreibst
und recht lange bei uns bleibst.

Der Meteorologe

Das Wetter ist ihm Leidenschaft,
auch weil es seine Leiden schafft,
denn manches Mal geht die Prognose
leider so richtig in die Hose.

Stachelbeere und Rose

In einem Garten wuchsen auch
ein Stachelbeer- und Rosenstrauch.
Zur Rose sprach die Stachelbeere,
Madam es ist mir eine Ehre,
ich freue mich, denn ich bin
sehr gerne ihre Nachbarin.
Wir haben Stacheln, die uns nützen,
weil sie gut uns beide schützen.

Die Rose sprach nach kurzer Zeit,
ich bin auf keinen Fall bereit,
mich mit ihnen zu vergleichen,
denn sie können nie erreichen,
dass sie die ganze Welt wie mich
bewundernd für die Schönste hält.
Danach blieb die Rose stumm,
ein Wind kam auf, knickte sie um.

Der Apfel

Der Apfel hat so rote Backen.
Wer hineinbeißt hört ein Knacken.
Das Aroma sonniglich,
saftig und süß-säuerlich.

Leider ist er nicht perfekt,
wenn eine Made man entdeckt
und sie schnell entfernen muss.
Getrübt ist nun der Hochgenuss.

Der Gärtner

Ein Gärtner musste Urlaub machen,
wer soll den Garten dann bewachen?
Er fragte bei dem Nachbarn an,
ob der ihm hierbei helfen kann.
Sein Ziegenbock ihm garantiert,
dass jeder Lust zum Klau verliert.

Gesagt getan, der Gärtner fuhr,
der Bock bewachte die Natur.
Doch hat in seinen Urlaubsstunden
der Gärtner keine Ruh gefunden.
Ahnungsvoll führ er nach Haus,
oh Gott, wie sah der Garten aus.

Blumen waren ausgerissen,
die grünen Sträucher abgebissen.
Er gab den Ziegenbock zurück
und räumte auf dann Stück um Stück.
So hat die Redewendung recht:
Der Bock als Gärtner ist sehr schlecht.

Hochmut

Der Apfel war ein schönes Ding,
solange er am Baume hing.
Er lachte über eine Birne,
weil sie doch habe kein Gehirne.

Sie war vom Baume nebenan
und fand, er sei ein schöner Mann.
Der lachte, bis er runterfiel
und schnell verging bis auf den Stiel.

Die Birne dachte, überall
kommt erst der Hochmut, dann der Fall.

Steinpilz und Marone

Ein Steinpilz wuchs im Kiefernwald.
Er wurde groß und schön alsbald.
Die Marone nebenan
hätte ihn so gern zum Mann.
Auch der Steinpilz fand sie schick,
nicht zu dünn und nicht zu dick.

Da kam ein Vater mit dem Kind,
sie schnitten beide ab geschwind.
Im Pilzkorb waren sie vereint.
Die Marone hat geweint.
Überwältigt von dem Glück
wollte sie nicht mehr zurück.

Der Fliegenpilz

Die weißen Tupfer tun ihm gut
auf seinem schönen roten Hut.
Er ist giftig wie man weiß.
Das ist des Fliegenpilzes Preis.

Gift und Schönheit sind ein Paar.
Das ist im Leben öfter wahr.

Klimakrise

Der Baum ist eingegangen.
Die Vögelein, die sangen,
sind alle weggeflogen
und suchen einen Regenbogen.

Der Regen ist lang ausgeblieben.
Die Sonne hat ihn weggetrieben.
Der Baum schickt einen letzten Ruf
an den, der diese Erde schuf.

Der Schöpfer aber greift nicht ein.
Die Hauptschuld hat der Mensch allein.
Er muss sein ganzes Wissen geben,
sonst wird auch er nicht überleben.

Sonnenschal

Ich pflück mir einen Sonnenstrahl
und strick dir daraus einen Schal.
Doch halt Moment, da fällt mir ein,
es geht ja nicht, drum lass ich's sein.
Wenn's alle täten Jung und Alt,
dann wär die Erde bitterkalt.

Und die Moral von der Geschicht?
Auch gut gemeint taugt manchmal nicht.

Die Trauerweide

Die Zweige hängen dünn herab
als stünde sie vor einem Grab.
Sie spricht zu uns seid stets bereit,
neben Freuden gibt's auch Leid.

Es kann in unserem Leben
nicht nur schöne Stunden geben.
Ich bitte euch denkt stets daran,
dass es auch euch betreffen kann.

Die Hoffnung aber gebt nie auf
und meistert euren Lebenslauf
so gut es geht mit Freundlichkeit.
Ich wünsch euch eine gute Zeit.

Blumen

Sie ist eine Blumenfrau,
kennt sie alle ganz genau.
Ihre unbequemen Fragen
will sie durch die Blume sagen.

Diese hält sie vor's Gesicht,
aber er versteht sie nicht.
Sie hat zu blumig formuliert,
er hat sie freundlich angestiert.

Kritik wird oft nicht so empfunden,
ist sie mit Freundlichkeit verbunden.

Die Buche

Die alte Buche ist bald tot.
Früher war sie einmal rot.
Innen wird der Stamm verwesen,
Darum kann sie nicht genesen.

Doch nebenan mit neuer Kraft
hat ein Bäumchen es geschafft
und wird vielleicht ein roter Baum.
Das wäre doch ein schöner Traum.

Die Klimaaktivistin

Sie ist Expertin für das Klima.
Die meisten finden dieses prima.
Doch es ist ein großer Jammer,
sie drischt mit dem Klimahammer.

Radikal sind ihre Reden.
Sie verurteilt darin jeden,
der nicht gleicher Meinung ist
wie ein Klimaaktivist.

Sagt es allen ins Gesicht,
kleine Schritte reichen nicht.
Doch auch diese brauchen Zeit.
Dazu ist sie nicht bereit.

Will sie wach die andern rütteln,
wenn die mit den Köpfen schütteln?
Ein Kompromiss fällt ihr so schwer,
und eben dieser muss nun her.

Denn ohne bleibt vom Klimaretten
gar nichts übrig – woll‘n wir wetten?

Wettermode

Flockig fällt der Schnee herab
im weißen Kleide nicht zu knapp.

Der Sonne Schein kommt uns ganz nah,
denn er bevorzugt FKK.

In einem Blazer bläst der Wind.
Als des Sturmes kleines Kind.

Im Anzug kommt der Regen bald,
mal ist er warm, mal ist er kalt.

Das Wetter ist wohl eine Frau,
es kommt nicht ohne Modenschau.

Weihnachtsbaum

Ade du kleiner Weihnachtsbaum,
du warst einst unser Weihnachtstraum,
Wir haben uns so sehr gefreut.
Doch leider hast du sehr gestreut.

Erfüllt hast du nun deine Pflicht,
behalten können wir dich nicht.
Du hattest hier ein schönes Leben.
Diesen Trost woll'n wir dir geben.

Es hat ja alles seine Zeit.
So sei jetzt tapfer und bereit.
Abgeholt am Straßenrand
freut morgen sich ein Elefant.

Pest und Cholera

Im Mittelalter warn sie da,
die Seuchen Pest und Cholera.
Das ist schon lang Vergangenheit,
doch auch in moderner Zeit
müssen manchmal wir entscheiden
in Gedanken zwischen beiden.

Sie sind gleichermaßen schlecht.
Ja, wie machen wir es recht?
Fatal egal, wir sagen ja
zwischen Pest und Cholera.

Gänseblümchen

Ein kleiner Ruhm ist ein Rühmchen,
das passt gut zu Gänseblümchen.
Ihre Heimat ist die Wiese.
Alle Gänse fressen diese.
Wir mähen sie und treten drauf,
doch sie stehen wieder auf.
Sind sie als Blümchen noch so klein,
können sie uns Vorbild sein.

Apfel und Birne

Es lagen in der Nähe mal
Apfel und Birne im Regal.
Der Apfel war sogleich entzückt
und ist ganz dicht an sie gerückt.

Ich bin Karl von Grafenstein,
alter Adel sortenrein.
Sie sind als Birne ganz genau
so richtig eine tolle Frau.

Zornig sprach zu ihm die Birne,
bin ich etwa eine Dirne?
Mein lieber Herr von Grafenstein,
lassen sie die Phrasen sein.

Der Apfel rollte von ihr weg
und dachte, das hat keinen Zweck.
Vielleicht liegt bald einmal
die Apfelsine im Regal.

Kastanien

Im Frühjahr blühen erst die Kerzen
und erfreuen unsere Herzen.
Bald haben wir danach im Blick
grüne Kugeln stachelig.

Der Sommer nimmt nun seinen Lauf
und bläst sie zu Bällchen auf.
Viele sind sehr fit und munter,
manche fallen jetzt schon runter.

Der Herbst ist nun gekommen,
die Stachler sind benommen,
denn durch die geplatzte Haut
die Kastanie reifend schaut.

Mit ihrem dunkelbraunen Glanz
wagt sie nun den Reifetanz.
Des Baumes Erde wird geküsst,
weil sie aller Mutter ist.

Kleine Kinder gehen vorbei
sammeln sie mit Freudenschrei,
basteln Vater, Mutter Kind,
sogar ein Pferdchen und ein Rind.

Der Bauernhof ist bald komplett,
zufrieden gehen sie ins Bett.

Der Wassertropfen

Ein Stein ward aufgeschreckt im Schlaf
als ihn ein Wassertropfen traf.
Weil der es wagte, ihn zu stören,
wollt er den armen Tropf verhören.
Der aber ist ihm schnell entwischt,
weil er auf heißem Stein verzischt.

Zwei Wassertropfen

Einer sprang mit großer Wonne
in eine grüne Regentonne.
Aber die war noch halb leer
und man sah ihn dann nicht mehr.

Der andere dachte, selber schuld,
ihm fehlte leider die Geduld.
Bald war die Tonne schon randvoll.
Da sprang er, dass sie überquoll.

Der Stein

Als der erste Tropfen
auf den Stein fiel,
lachte der nur.
Aber nach Zehntausend Jahren
verstummte er.
Nach Hunderttausend Jahren
spürte er,
dass ihn das Wasser
langsam zersetzte.
Er hatte den Kampf verloren,
weil er verdammt war
zur Untätigkeit.

Frühlingssinfonie

Wenn die Sonne
mit ihren Strahlen grüßt,
der Wind und die Vögel
in den Zweigen der Bäume
lange Reden halten,
wenn die Liebe erwacht,
zart wie das erste Grün,
dann erklingt
die Sinfonie des Frühlings.
Ich denke
an die Frühlingssinfonie
von Robert Schumann
und freue mich
auf das Konzert.

Die Schneeflocke

Keine ist der anderen gleich.
Das macht unseren Alltag reich,
denn wer so einzigartig ist,
wird im Leben sehr vermisst.

Baum und Borke

Ein alter Baum stand im Garten.
Der Gärtner wollte nicht mehr warten
und ihn heute endlich fällen,
auch war er morsch an vielen Stellen.

Schlug mit der Axt ganz ungehemmt,
sogleich war sie hier festgeklemmt.
Er zog daran mit ganzer Kraft
und hat es dennoch nicht geschafft.

Sie blieb zu seinem Schrecken
zwischen Baum und Borke stecken.
Ein Spezialist wurde bestellt
und hat den morschen Baum gefällt.

Das Herz

Der Sturmwind blies mit Wucht und Wut.
Es goss und goss, dann kam die Flut.
Sie dachte nach dem ersten Schreck,
auf jeden Fall muss ich schnell weg.
Sie hat sich ihr Herz genommen
und ist heil davongekommen.

Strohfeuer

Es war einmal ein kleines Fünkchen,
nicht viel größer als ein Pünktchen.
Es flog in einen Ballen Stroh,
der brannte alsbald lichterloh.

So ist es auch oft mit der Liebe,
wünschenswert, dass es so bliebe.
Der Vorsicht ist es nicht geheuer,
denn kurz nur ist des Strohes Feuer.

Jahresreise

Frühlingsanfang

Ein Windstoß, der durchs Fenster fuhr,
hat mich wachgerüttelt.
Gähnend schaute ich zur Uhr
als er meine Hand geschüttelt.

Mit Frühlingskraft hat er gedrückt,
so dass Gardinen flogen,
ist dann wieder ausgerückt
zu einem Regenbogen.

Ich rief ihm nach, bleib doch noch hier,
Leider konnte er nicht bleiben,
muss noch viele außer mir
aus ihrem Winterschlafe treiben.

Die Jahreszeiten
Der Frühling hold.
Der Sommer heiß.
Der Herbst in Gold.
Der Winter weiß.

Dies gilt für uns in aller Zeit,
die das Leben hält bereit.

Sommer und Herbst
Der Herbst steht draußen vor dem Garten,
kann nicht hinein, er muss noch warten,
Der Sommer hat ihn noch besetzt,
es sind die letzten Tage jetzt.
Müde ist er, braucht die Ruh
und winkt dem Bruder draußen zu.

Die Monate

Januar
Am ersten Tag im Januar
beginnt für uns das neue Jahr.
Wird es besser oder schlechter?
Oder wenigstens gerechter?

Es wird hoffentlich nicht wärmer,
und auch nicht für viele ärmer.
Egal, wie wir die Zukunft sehen,
der Optimismus bleibt bestehen.

Februar
Die Jecken machen sich bereit
für die wilde Faschingszeit
und führen so der Menschheit vor,
letztendlich siegt bei uns Humor.

Am Montag gibt es rote Rosen,
am Mittwoch Asche auf die Hosen.
Gott und der Welt sei es gedankt,
man hat mal wieder aufgetankt.

März
Ihn werden viele von uns lieben,
weil er den Winter hat vertrieben.
Die Natur ist aufgewacht
und hat uns kribbelig gemacht.

Ein kleiner Märzenbecherschluck
gibt uns den rechten Frühlingsruck.
Überall in Feld und Flur
genießen wir den Frühling pur

April
Er ist ein windiger Geselle,
wechselt Wetter auf die Schnelle.
Weder Fisch noch Fleisch, hin und her,
wie denn nun, sie oder er?

Zum Ende hin kommt er zur Ruh,
winkt uns allen freundlich zu,
und spricht, jetzt seid ihr bereit
für eine schöne Maienzeit.

Mai
Alles grünet jetzt im Mai.
Die Gedanken sind so frei,
wenn wir nun spazieren gehen
und schauen, wo die Glöckchen stehen.

Gestern kamen wir nach Haus
und sahen wie geschunden aus.
Diesen Gang noch einmal wagen?
Die Bäume haben ausgeschlagen.

Juni
Er kann es kaum erwarten,
seinen Jahreslauf zu starten.
Überall macht er mal Rast,
wird begrüßt als lieber Gast.

Der Frühling läuft ein Stückchen mit,
hält aber kaum noch mit ihm Schritt.
Schließlich bleibt er ganz zurück
und wünscht ihm ganz viel Sommerglück.

Juli
Das zweite Halbjahr ist heran.
Es rast die Zeit so schnell sie kann.
Er jedoch lässt sich nicht treiben,
denn er will noch lange bleiben.

Hat viel zu tun in Feld und Flur,
reich gedeckt ist die Natur.
Dennoch er hat fortgemusst,
es wartet ja schon der August.

August
Jetzt wird es nochmal richtig heiß,
überall tropft nun der Schweiß.
Gerade wenn man sich viel plagt,
Mäßigung ist angesagt.

Sehr gesättigt ist die Luft
vom Heu und vom Getreideduft.
Zeit, das Jahr zu überdenken,
wohin nun die Schritte lenken?

September
Er kommt mit dem Maronenhut,
der steht ihm besonders gut.
Die Tage warm, die Nächte kalt,
ja, der September wird nun alt.

Der Sommer hat ihn sehr geschafft
und langsam fliehet seine Kraft.
Der junge Herbst scharrt mit den Füßen,
er will nun das Jahr begrüßen.

Oktober
Der Herbst ist dem Oktober hold,
beschenkt ihn noch mit Sonnengold.
Die Ernte ist nun eingebracht,
höchste Zeit bei kalter Nacht.

Großer Fleiß wird reich belohnt.
Wir haben uns auch nicht geschont,
danken herzlich der Natur:
Feld und Wasser, Wald und Flur.

November

Die roten Blätter sind nun braun,
die Bäume selber traurig schaun.
Die Nebelfrau spinnt ihren Faden,
und schickt den Dunst in großen Schwaden.

Wir denken auch an all die Lieben,
die nicht mehr sind bei uns geblieben,
bedanken uns in stiller Ruh.
und decken ihre Gräber zu.

Dezember

Mit der Wintersonnenwende
geht das Jahr langsam zu Ende.
Wie werden wir es diesmal halten
und das Weihnachtsfest gestalten?

Silvester blicken wir zurück
und hoffen auf ein neues Glück,
doch Demut ist auch angebracht
in dieser letzten Jahresnacht.

Die Woche

Der Montag fängt an,
zeigt was er kann.

Der Dienstag mit Kraft
hat es weiter geschafft.

Der Mittwoch genau misst,
ob es ordentlich ist.

Der Donnerstag setzt fort,
verbessert sogar hier und dort.

Der Freitag vollendet den Rest,
freut sich auf das Wochenendfest.

Der Sonnabend hat gesungen,
das Werk ist gut gelungen.

Der Sonntag sagt Dank
serviert Speis und Trank.

Der Tag

Morgen
Er kommt und gähnt mit roten Wangen.
Der Tag hat richtig angefangen.

Mittag
Bunt strotzet er vor Schaffenskraft
und hat den halben Tag geschafft.

Abend
Die Arbeit ruht, vom Stress noch rot,
freut er sich sehr aufs Abendbrot.

Nacht
Schwarz deckt sie mit Schlaf uns zu,
weckt sanft den Morgen aus der Ruh.

Segen

Es herrschte lange Trockenheit,
der Regen kam zur rechten Zeit
und brachte den erhofften Segen.
Wenn wir uns im Regen regen,
bringt uns das dann zweifach Segen?

Sonnenblume 1

Hoch oben auf des Leiters Sprosse.
höher als auf größtem Rosse,
steht ein fleißiger Gärtnersmann
und schaut sich seine Blume an.

Gepflegt hat er sie und gegossen,
ihre Schönheit gern genossen,
Tag für Tag an sie gedacht,
Stund um Stund bei ihr verbracht.

So wuchs die Blume und gedieh,
wurde prächtig wie noch nie,
so dass sich unser Gärtnersmann
mit Recht daran erfreuen kann.

Schönheit, Liebe, Freud und Kraft
ist, was uns die Blume schafft,
die uns so überragen kann
wie ihren lieben Gärtnersmann.

Sonnenblume 2

Sie ist der Sonne Patenkind
und wächst hoch zu ihr geschwind.
Bald schaut sie zu uns herunter,
wir blicken zu ihr hoch mitunter
und blinzeln in die Sonne rein.
Ganz genau so soll es sein.
Zum Dank schenkt sie uns gerne
ihrer Blume schwarzen Kerne.

Geschlaucht

Wenn der Garten Wasser braucht,
ist der Gärtner sehr geschlaucht.
Zufrieden reicht er diesen Trank
und freut sich auf der Pflanzen Dank.

Die Birke

Jeden Tag mir gegenüber
grüße ich zur Birke rüber.
Sie grüßt zurück und winkt mir zu,
denn wir stehn du auf du.

Mit ihrem weißen Rindenkleid
glänzt sie zu jeder Jahreszeit.
Ihre Zweige lustig schweben,
sie ist zufrieden mit dem Leben.

Manchmal hängen sie auch still,
wenn der Wind es eben will.
Sie sagt zu mir nimm es nicht schwer,
genieß den Tag, was willst du mehr?

Die Eiche

Die Eiche ist ein Mythenbaum.
Sie verwirklicht ihren Traum,
dass man mit Gigantenkraft
ein Jahrtausendleben schafft.

Was Schiller von der Glocke dichtet,
das wird auch von ihr berichtet.
Fest gewurzelt in der Erden
kann sie zu einem Denkmal werden.

Im Vergleich sind wir sehr klein,
doch können wir Beschützer sein.
Wem die Eiche ist gewogen,
hat ein großes Los gezogen.

Die Linde im Sommer

Schau ich aus dem Fenster raus.
seh ich die Linde vor dem Haus.
Trotz ihrer Pracht bleibt sie bescheiden.
Deshalb kann ich sie gut leiden.
Zu Recht ist sie mitunter stolz
auf die Kunst aus ihrem Holz.

Süßlich riecht der Lindenduft
in der lauen Sommerluft.
Der Tee aus ihren gelben Blüten
kann uns gesundheitlich behüten.
Sie sind beliebt auch bei den Bienen,
weil sie als Nahrungsquelle dienen.

Ich sende beiden vielen Dank
und hol den Honig aus dem Schrank.

Die Erle

Die Erle ist ein Wasserbaum,
braucht in unserem Garten Raum.
Sie sieht in uns das kleine Kind,
schützt vor Sonne uns und Wind,
schaut allen bei der Arbeit zu,
bewacht sehr gern die Pausenruh,
grüßt die ferne Straßenbahn,
winkt auf der Spree dem nahen Kahn.

Wir spüren, dass sie uns sehr mag
und grüßen sie fast jeden Tag.

Klima

Er ist im Süden groß geworden
und lebet jetzt im Hohen Norden.
Die Hitze hat er nicht vertragen,
deshalb platzte ihm der Kragen.

Der Arzt verschrieb ihm eine Kur
in Eis und Schnee drei Wochen nur.
Hier gab es keine Sonnenglut,
die Kälte tat ihm deshalb gut.

Er wurde ruhiger und entspannt
und blieb darum im Nordenland.

Halme

Halme schwanken stark im Wind,
weil sie so dünn gewachsen sind.
Kam ein Wanderer vorbei
und dachte bei der Schwankerei
Gott sei Dank ich bin stabil,
das Hin und Her wär mir zu viel.

Die Heckenschere

Für Gärtner ist die Heckenschere
ein Gartenwerkzeug für die Ehre.
Ist eine Hecke schön geschnitten,
wird auch der Garten gut gelitten.

Die Rose

Sie strahlt uns an in voller Pracht,
der Wind bewegt sie spielend sacht.
Doch bald vergeht der Blüte Kraft
und ihre Blätter sind erschlafft.
Am Boden liegen sie verstreut.
Im nächsten Jahr blüht sie erneut.

Spaten und Harke

Der Spaten sticht tief in die Erde,
damit sie umgegraben werde.
So wird ganz gezielt gesteuert,
dass sich ein Teil Natur erneuert.

Die Harke macht die Klumpen klein
und kämmt sie danach nochmal fein.
Der Boden ist nun voll bereit
für die Blüh- und Erntezeit.

Der Rasenmäher

Ist der Garten noch so klein,
ein Rasenmäher, der muss sein.
Nicht eine Wiese, Rasen nur
gepflegt als kleines Stück Natur.

Hier kann man gehen oder liegen,
sich in einer Schaukel wiegen.
Dafür muss er trittfest sein.
Hier greift der Rasenmäher ein.

Er sorgt für einen kurzen Schnitt
und so auch für die Vögel mit.
Sie sind auf kleine Würmer scharf
und haben riesigen Bedarf.

Die finden sie im kurzen Gras,
vor allem Amseln wissen das.
Sie schauen, picken flink wie toll,
ruck zuck ist bald der Schnabel voll.

Hin und wieder auch mal wässern,
um das Wachstum zu verbessern,
so dass je nach Lage dann
erneut der Mäher kürzen kann.

Die Geranie

Die Geranie hat das Ziel,

blühen, blühen möglichst viel.
Ist eine Blüte eingegangen,
hat eine neue angefangen.

Weil sie mit ihrer ganzen Kraft
stetig neue Blüten schafft,
ist sie Symbol auch für das Leben,
untergehen, sich erheben.

Diese Blume tut so gut,
denn sie macht uns immer Mut,
auch an allen schlechten Tagen
hoffnungsvoll nicht zu verzagen.

Gemüse

Ein Radieschen, eine Möhre,
die lagen erntefrisch
mit Erde noch behaftet
auf einen Küchentisch.

Die Tomate dicht daneben
rollte sich gleich fort.
Mit diesen Schmutzgesellen
spreche ich kein Wort.

Ein kleiner Junge kam heran
und holte sich die Möhre.
Da platzte die Tomate auf.
Das ist nicht wahr? Ich schwöre!

Der Apfel

Es war im Paradiese schon,
da begann die Tradition.
Adam fiel als erster rein,
Schneewittchen später hinterdrein.

Die Verführung ist geblieben,
weil wir ihn bis heute lieben.
Außen wie im Paradies,
innen leider manchmal mies.

Die Haselnuss

Schön ist eine Haselnuss,
wenn man sie nicht knacken muss.
Genau das aber ist vonnöten
und die Schönheit geht so flöten.

Kirschen und Pflaumen

Beide haben feste Kerne,
dennoch essen wir sie gerne.
Innen hart und außen weich,
so ist mancher Mensch zugleich.

Wer umgekehrt so leben muss,
der gleicht einer Kokosnuss.

Die Ostsee

Wer einmal in der Sonnenglut
erfrischt sich in der Ostsee Flut,
wird ihren Kuss wohl nie vergessen
bleibt lebenslang von ihr besessen.

Er wird immer danach streben,
diesen Kuss neu zu erleben,
kehrt deshalb auch zu seinem Glück
jedes Jahr zu ihr zurück.

Urlaubstag

Schon früh ertönt der Möwen Schrei,
mit dem Schlaf ist es vorbei.
Frau Sonne hat die Nacht vertrieben.
Die Müdigkeit ist dageblieben,

Der Tag schaltet auf Dauerlauf.
Trotzdem stehe ich nicht auf.
Du schläfst noch neben mir im Bett,
und wirst dann wach, das ist nicht nett.

Die Ostseebrille

Wer in der Ostsee badet, der riskiert,
dass er die Brille schnell verliert.
Mir riss eine Ostseewelle
dieselbe ab ganz auf die Schnelle.

Ich suchte sie wohl viele Stunden,
hab dennoch sie nicht mehr gefunden.
Die Freunde suchten auch am Strand,
doch niemand meine Brille fand.

Drei Wochen waren schnell vorbei,
da hörten wir den Ostseeschrei,
Wo bleibt ihr denn, ich bin bereit
für eine neue Badezeit.

Zum Camping wieder angekommen,
wurde schnell ein Bad genommen,
Da- mit den Zehen spürte ich
was einem Brillenbügel glich.

Ich griff nach unten in den Sand
und hielt die Brille in der Hand.
Nur der Bügel leicht lädiert,
ansonsten war ihr nichts passiert.

Bis heute hat sie ihren Platz
im Futteral - als Ersatz.

Sonne Sonne

Die Sonne brennt ganz fürchterlich,
bald hat man einen Sonnenstich.
Ein wenig Kühle täte gut,
doch weiter heizt die Sonnenglut.

Sie kennet mit uns kein Erbarmen,
nicht mit den Reichen und den Armen.
Vor Tagen noch so sehr gesucht,
heute aber viel verflucht.

Schön ist es, wenn die Sonne lacht,
Schlecht ist es, wenn die Hitze kracht.
Es ist leider so im Leben,
immer Gutes kanns nicht geben.

Herbstklopfen

Kastanien sind befreit und munter.
Sie fallen nach und nach herunter.
Eicheln fallen zahlreich mit.
Der Herbst klopft an auf Schritt und Tritt.

Rotkohls Traum

Ein Rotkohl kullerte im Traum
unter einen Apfelbaum.
Der prahlte gleich, ich freue mich,
so einen Apfel hab nur ich.

Der Nachbarbaum aber sagte nur,
der ist nicht unsere Natur.
Wer so ein rotes Monster preist,
der hat einen kranken Geist.

Kam die Bäuerin gelaufen,
prima, ich muss keinen kaufen,
schnitt ihn schnell ganz kurz und klein
und kochte Apfelrotkohl ein.

Die Hagebutte

Die Hagebutte ist der Rest,
den uns die Rose übrig lässt,
wenn das letzte Blütenblatt
sie verwelkt verlassen hat.

Sie verkündet leuchtend rot
vornehm von der Blüte Tod.
Erneut reizt sie so Geist und Sinn.
Wir schauen gerne weiter hin.

Typen

Der Müllionär

Täglich geht er hin und her,
sind voll die Tonnen oder leer?
Was liegt da drinnen kreuz und quer?
Egal ob leicht, egal ob schwer
der Flohmarkt ruft, ich will noch mehr.
und bald ist er ein Müllionär.

Der Schaumschläger

In seiner Rede nennt er nur
Fremdwörter in einer Tour.
Hört man hier genauer hin,
ist Schaumschlag seiner Rede Sinn.
Die Weisheit hat der nicht gefressen.
Diesen Typ kann man vergessen.

Die Neugierige

Die Neugier hält sie stets in Trab,
Was geht bei den anderen ab,
bei den Nachbarn und Bekannten?
Ich meine hier bestimmte Tanten.
Klatsch und Tratsch hält sie in Schwung.
Sie fühlen sich gesund und jung.

Und die Moral von der Geschicht:
Verachtet diese Neugier nicht.

Der Blödelist

Es war einmal ein Humorist
dessen Witze waren Mist.
Zu fade seine Blödelei.
Er holte sich ein Hühnerei,
hielt es lange vor den Spiegel,
schlug es dann in einen Tiegel.
Er briet es scharf als Spiegelei.
Jetzt witzelte die Blödelei.

Der Handyticker

Er war noch nicht aus seinem Haus,
da holte er das Handy raus.
Sie hat das Handy sich geschnappt
als ihre Haustür zugeklappt.

Sie wohnten nicht am selben Ort.
Er kam von hier und sie von dort.
Stets gesenkt, so war ihr Blick
durch ihrer beider Handytick.

Gleich zu Beginn nach kurzer Strecke
hat es gerumst dort an der Ecke.
Der Schreck war groß wie auch die Beulen
und sie musste auch noch heulen.

Das ist normal beim Handygehen,
man hat den andern nicht gesehen.

Daddeldu

Bei Joachim Ringelnatz
hat er einen guten Platz.
Es ist der Seemann Daddeldu,
davor den Kuttel noch dazu.
Lebte er, stell ich mir vor,
ein Handy hätte er am Ohr.

Doch nicht nur dort, denn immerzu
würde daddeln Daddeldu.
Daddeln oben, untern, hin und her,
daddeln auch noch kreuz und quer.
Daddeldu und daddel ich,
mir wird richtig daddelich.

Daddelei mit den Pronomen,
sicherlich kein gutes Omen
Deddel, doddel, didelei,
Kuttel wird ganz wirr dabei.
Dudel, daddel, dideldum,
die Dödelei bringt ihn noch um.

Mit dem Seemann wär‘s vorbei
durch diese ganze Daddelei.
Er würde eine Botschaft senden,
wo soll das Daddelfieber enden?
Doch freundlich wohl mit Witz und List
wie Ringelnatz der Humorist.

Der Junggeselle

War einmal ein Junggeselle,
fragte bei der Rentenstelle,
kriegt er Rente auf die Schnelle.
Antwort kam von Rentenstelle
unverzüglich auf die Schnelle.
Weil er doch ein Junggeselle
gibt's Altersrente nicht so schnelle.

Da heiratete der Junggeselle,
kurz entschlossen auf der Stelle,
schrieb als vormals Junggeselle
erneut an seine Rentenstelle,
er sei nun nicht mehr Junggeselle.
Danach zahlte Rentenstelle
Altersrente auf die Schnelle.

Hans Dampf

Es gibt wohl nichts, was er nicht kann,
steht überall auch seinen Mann.
Computer, auch ein Instrument,
Handwerksarbeit, Sporttalent.

Er singt sogar im Kirchenchor
und trägt von sich Gedichte vor.
Im Haushalt ist er sehr geschickt,
hat schon die halbe Welt erblickt

Erfolgreich auch in Politik,
hält er nicht viel von Selbstkritik.

Überall ist er bekannt,

sprichwörtlich klar ist sein Verstand.

Das ist Wahnsinn, nicht zu fassen –
er ist Hans Dampf in allen Gassen.
Er will jedoch auf keinen Fall
den Dampf ablassen überall.

Würde ihn der Dampf verlassen,
wär es aus mit allen Gassen.

Der Kritiker

Das Problem ist kompliziert,
dazu neu, noch nicht probiert.
Er prüft genau und stellt dann fest,
was sich noch besser machen lässt.

Doch nicht nur das, er sagt auch wie
und beweist so sein Genie.
Diese Kritik die muss man loben.
Sie kommt von Herzen, nicht von oben.

Der Schalk

Er erzählt sehr gerne Witze
und denkt, es wären Geistesblitze.
Wo hat er den Humor wohl her?
Die Antwort ist gar nicht so schwer.

In seinem Nacken dicht am Ohr
sitzt ein Schalk und sagt ihm vor.
Natürlich ist er unsichtbar,
für einen Muffel ganz und gar.

Der Tor

Er überlegte Tag und Nacht,
was gibt es, das mich klüger macht.
Da fiel ihm die Rede ein,
durch Schaden wird man klüger sein.

Er dachte nach, ich habe keinen,
dann mache ich mir selber einen
und warf zwei Suppenteller weg.
Das hatte aber keinen Zweck.

Er war nicht klüger als vorhin
und dachte, das hat keinen Sinn.
Der Schaden ist vielleicht zu klein,
er müsste noch viel größer sein.

Was er auch tat, er blieb ein Tor
und war noch dümmer als zuvor.

Der Miesepeter

Wer das Lachen sich verkneift,
mit Grimassen sich versteift,
der ist ein lächerlicher Tropf
und meistens auch ein hohler Kopf.

Trottel und Tölpel

Wer bei uns ein Trottel heißt,
ist ungeschickt, hat wenig Geist.
Beim Tölpel ist es ebenso.
Mit beiden werden wir nicht froh.
Wenn einer nun den anderen mag,
haben sie Spaß den ganzen Tag?

Der Aufreger

Er regt sich im Tageslauf
mehrmals ganz gewaltig auf.
Meistens sind die Gründe nichtig,
aber er macht sich sehr wichtig.

Frau Wirtin 1

Frau Wirtin hat auch Klimakleber.
Das sind ganz besondere Streber.
Kaum spricht ein Gast vom Klima,
rufen sie begeistert prima.

Frau Wirtin 2

Frau Wirtin hat zwei Elefanten,
die füttert sie für den Bekannten.
Sie hat auch Hühner in dem Stall,
die schlachtet sie von Fall zu Fall.
Sieht der Fuchs die Dicken stehen,
lässt er sich hier nicht mehr sehen.

Schärfen, schärfen

Frau Wirtin hat einen Berater,
der spürt sehr oft Muskelkater.
Mit Wetzstahl schärft er alle Messer,
denn so schneiden sie viel besser.
Danach schärft er den Verstand
mit einem Lehrbuch in der Hand.

Typenwandel

Er war en Typ wie du und ich,
nicht ganz zufrieden sicherlich.
Denn eines Tages fiel ihm ein,
ich möchte jetzt ganz anders sein,
stylte sich als Frauenheld,
sprach und ging wie Lagerfeld.

Die Freunde aber lachten nur
und spotteten in einer Tour.
Sie rieten ihm bleib wie du bist
und lasse alles wie es ist.
Er dachte nach mit diesem Schluss:
Lasst mich so leben wie ich muss.

Der Skeptiker

Er findet alles zwar nicht schlecht,
traut aber vielen nicht so recht.
Ist etwas richtig ordentlich,
dann sagt er leise hoffentlich.

Wer bin ich?

Ich weiß nicht her und weiß nicht hin,
ich weiß nicht, wer ich wirklich bin.
Ich bin das Laster und die Tugend,
sowie das Alter und die Jugend.

Ich liebe die Gerechtigkeit,
mich plagt die Überheblichkeit.
Die Klugheit und die Tapferkeit
streiten sich mit Geiz und Neid.

Trägheit, Wollust, Völlerei
gleichen sich wie Ei dem Ei,
Ich verliere schon den Glauben,
lasse mir die Hoffnung rauben.

Wenn der Zorn mich übermannt,
ist mir die Ruhe unbekannt.
Die Mäßigung ist, die mir bleibt
und irgendwie mich weitertreibt.

Meine Seele ist zerrissen,
mein Verstand total verschlissen.

Der Quasselist

Er ist Experte langer Reden
und freut sich immer über jeden,
der ihm zuhört bis zum Schluss,
auch wenn er dann mal enden muss.

Es ist hier wie ein Wasserfall.
Die Sätze fließen Schwall auf Schwall.
Sinnlos, ihn zu unterbrechen,
er will sprechen, sprechen, sprechen.

Doch irgendwann hört er auch auf
und wartet, was meinst du darauf.
Du sagst, das ist sehr interessant,
erzähl mir mehr, ich bin gespannt.

Hat er nichts mehr zu berichten,
erzählst du ihm viele Geschichten,
eben so lang und auch so breit.
Das kostet aber seine Zeit.

Wenn du merkst, er hört nicht zu,
lass ihn keinesfalls in Ruh.
Das verträgt kein Quasselist
und hilft, dass du verschont nun bist.

Der Nörgler

Alles ist ihm nicht geheuer,
der Supermarkt heut viel zu teuer,
die Musik ist viel zu laut,
das neue Haus ist schlecht gebaut.

Die Fenster sind nicht gut geputzt,
das Treppenhaus ist auch verschmutzt.
Der Nachbar ist doof tätowiert
und dessen Frau zu angeschmiert.

Viel zu stumpf das Küchenmesser.
Das Wetter war schon einmal besser,
Der Frühling zu nass,
der Sommer zu heiß,
der Herbst zu blass,
der Winter zu weiß.

Er sagt nie, was ihm gefällt.
Das gibt es nicht auf dieser Welt.
Egal, was wie auch immer ist,
für ihn ist alles nur noch Mist.

Ich fragte ihn, kann es im Leben
auch für dich mal Freude geben?
Er sagte, jeden Tag viel Frust
steigert meine Nörgellust.

Das ging bei ihm ein Leben lang.
Schließlich wurde er sehr krank.
Bevor er starb nahm er sich vor,
ich klopfe an das Himmelstor.

Doch Petrus machte alles dicht.
Auch der Teufel wollt ihn nicht.
Seither hat er als Nörgelgeist
mehr als die ganze Welt bereist.

Der Pedant

Grob ist des Nörglers Meckerei.
Der Pedant ist fein dabei.
Die Mücke nervt ihn jedes Mal.
Der Elefant ist ihm egal.

Ist ein Satz gut formuliert,
der Kommafehler irritiert.
Auch die kleinsten Kleinigkeiten
können ihm Verdruss bereiten.

Laut klingt der Verzweiflungsschrei
bei seiner Krümelkackerei.
Deshalb sein Zwillingsbruder ist
ganz gewiss Perfektionist.

Der Müßiggänger

Er schlendert ruhig so dahin,
hat Bestimmtes nicht im Sinn,
wartet ab, was noch passiert
und ist für alles interessiert.
Wenn nichts geschieht, ist's auch egal,
er hat ja nicht die Qual der Wahl.

Da tanzt ein Drachen hoch im Wind,
geführt von einem kleinen Kind.
Glücklich schaut er beiden zu
genießet tief der Seele Ruh.
Unbeschwert geht er nach Haus
und ruht sich vom Genießen aus.

Zufrieden mit dem Müßiggang
war ihm der ganze Tag nicht lang.

Streitende

Zwei Nachbarn waren sehr zerstritten,
dann zürnten beide einem Dritten
und haben so das Blatt gewendet.
Ihr Konflikt ist nun beendet.

Oma Lisas Enkel

zum Ergänzen

Wer hat für uns immer Zeit?
Oma Lisa.
Wer ist die Klügste weit und breit?
Oma Lisa.

Wer kauft für uns Hemd und Schuh?
Oma Lisa.
Wer hört uns am meisten zu?
Oma Lisa.

Wer liest uns am Abend vor?
Oma Lisa.
Wer singt mit uns als kleiner Chor?
Oma Lisa.

Wer kocht für uns das schönste Essen?
Oma Lisa.
Wer freut sich dann, wenn wir gegessen?
Oma Lisa.

Wer hat das beste Hörgerät?
Oma Lisa.
Wer sagt nicht, es ist schon spät?
Oma Lisa.

Wer fährt in den Urlaub mit?
Oma Lisa.
Wer hält mit uns nicht mehr Schritt?
Oma Lisa.

Wer hat Glück beim Kartenspiel?
Oma Lisa.
Wer veralbert uns auch viel?
Oma Lisa.

Wer geht uns manchmal auf den Geist?
Oma Lisa.
Wer ist auch froh, wenn wir verreist?
Oma Lisa.

Wer sagt zu uns auch scheißegal?
Oma Lisa.
Wer schimpft mit uns so manches Mal?
Oma Lisa.

Wer sieht am Handy uns nicht gern?
Oma Lisa.
Wer hält uns oft vom Smartphon fern?
Oma Lisa.

Ja, ja, die Oma ist beliebt,
die beste Oma, die es gibt.
Der Opa ist ja auch noch da,
darum sagen wir Hurra!
Er ist genauso beste Wahl
und ist dran beim nächsten Mal.

Oma

Unsere Oma ist es wert,
dass man sie von Herzen ehrt.
Es wird bedacht, wenn einer fragt,
was die Oma hat gesagt.

Die größte Freude ist für sie
familiäre Harmonie.
Sie ist die Quelle ihrer Kraft,
womit sie alles für uns schafft.

Sagt man zu ihr Omilein,
gilt das ganz für sie allein.
Ist der Opa auch dabei,
trifft das zu für alle zwei.

Omas

Wenn Omas unsere Welt regieren,
wird keiner hungern oder frieren.
Es gäbe weltweit keinen Krieg
und nur im Sport noch Kampf und Sieg.

Von der UNO ein Pokal,
verliehen jedes Jahr einmal
zum Tag der Oma Mitte Mai,
auch Mutter Erde wär dabei.

Opa und Enkel

Der Opa und das Enkelkind
ein wunderbares Pärchen sind.
Er nimmt den Jungen auf den Arm,
der schmiegt sich an, das Herz ist warm.

Opa

Der Opa sagte immer,
ins Theater geh ich nimmer.
Da sehe ich ganz viel Lug und Trug.
das hab ich Tag für Tag genug.

Der Antiheld

Er war fleißig und bescheiden,
alle konnten ihn gut leiden.
Auch das Glück war ihm sehr hold,
zum Lohn gab's einen Klumpen Gold.

Ja, Hans im Glück ist gut bekannt,
wahrscheinlich jedem hier im Land.
Arm kehrte er nach Haus zurück,
das schwere Gold brachte kein Glück.

Ich habe mich als Kind gefragt,
was uns dieses Märchen sagt.
Er ist für mich ein Antiheld.
Gold ist nicht alles auf der Welt

Der Hampelmann

War einmal ein Hampelmann
mit einer Schnur zum Hampeln dran.
Zog man diese immer wieder,
bewegte er sehr schnell die Glieder.

Eines Tages fiel ihm ein,
er möchte gern Beamter sein
und wurde sogleich eingestellt,
weil er beweglich war, für Geld.

Zum Schluss bleibt eine Frage nur:
Wer zieht bei ihm die Hampelschnur?

Persönlichkeiten

Friedrich II.

Ein Forscher wollt ein Fischbuch schreiben,
der König sagte, lass es bleiben,
Keiner kaufts im ganzen Land,
hiesige Fische sind bekannt.
Welches Thema will er wählen
oder will er Gräten zählen?

Er brauchte Hilfe als Verfasser
bei seinen Studien im Wasser.
und ließ dem König keine Ruh.
Dieser stimmte schließlich zu.

Der Forscher namens M. É. Bloch,
schrieb zwölf illustrierte Bände noch.
Auch in unserem Jahrhundert
werden sie noch sehr bewundert.

Von der Idee sehr überzeugt
hat er niemals sich gebeugt.
Diese generelle Lehre
gereicht ihm heute noch zur Ehre

Goethe

In seinem Werk „Die Fischerin“
ist auch der Erlkönig drin.
Der Vater muss gewaltig eilen,
doch lauten hier die letzten Zeilen:
„Erreicht den Hof mit Mühe und Not;
In seinen Armen das Kind war tot.“

Am Leben wäre es geblieben,
hätte Goethe so geschrieben:
Erreicht den Hof mit Ach und Krach.
In seinen Armen das Kind war wach.

So endet traurig die Ballade.
Schade!

Händel und Goethe

Beide waren sie Titanen
in ihren künstlerischen Bahnen.
Sowohl Musik als auch Dichtung
weisen in die eine Richtung.

Gott hat den Menschen dieser Welt
zum Schöpfer seiner selbst bestellt.
Das haben sie mit Geisteskraft
und Kreativität geschafft.

So waren beide gleich und gleich
und machten uns für immer reich.

Bauchlage

Im Mai 1778 besucht Goethe Berlin. Ein gewisser Burrmann, Candidat der Gottesgelehrtheit, ein bescheidener Mann, damals Redakteur der Spenerschen Zeitung, und sonst der Nachwelt unbekannt, hatte ihm einmal nach Weimar in herzlich verehrender Weise geschrieben.
Bei diesem, während seines Berliner Aufenthalts tritt eines Morgens Goethe herein. Burrmann kennt ihn nicht. Als Goethe sich genannt, wirft der Kandidat der Theologie auf den Boden und wälzt sich wie ein Kind darauf herum. Auf Goethes Frage, was er habe, gibt jener zur Antwort: „Ich kann meine Freude über sie nicht besser ausdrücken." Worauf Goethe: „Nun, dann will ich mich auch zu ihnen legen."
(Bilder aus dem Berliner Leben Dritter Band von Julius Rodenberg, Berlin 1891.)
Der Meister tat das Gleiche auch,
da lagen beide auf dem Bauch.

Goethe und Schiller

Sie waren beide sehr verschieden
und hätten sich vielleicht gemieden.
Doch eben dieser Gegensatz
schuf ihrem Genius reichlich Platz.

So führte die Verschiedenheit
zur produktiven Einigkeit,
in der ganzen Welt bewundert
von Jahrhundert zu Jahrhundert.

Münchhausen

Münchhausen ist uns wohlbekannt,
wird Lügenbaron auch genannt.
Wenn er erzählte, war stets klar,
dass alles eine Lüge war.

Er log das Blau des Himmels runter,
machte seine Gäste munter
mit seiner großen Einfallskunst,
plus Alkohol und Tabakdunst.

Die Geschichten sind Legende,
überraschend bis zum Ende.
Bewundert wurde sein Talent,
weshalb man ihn noch heute kennt.

Täve Schur

Über ihn ein Gedicht?
Das ist zu schwer, ich kann es nicht.
Will man über Täve schreiben,
besteht Gefahr, zu übertreiben.

Das fände er bestimmt nicht richtig.
Bescheidenheit ist ihm wichtig.
So bleibe ich beim Namen nur:
Gustav-Adolf „Täve“ Schur.

Der Kirschkernehirsch

Es schoss mit Kernen von den Kirschen
Münchhausen auf den großen Hirschen.
Er hatte keine Kugeln mehr,
da mussten diese Kerne her.

Der Hirsch lief taumelnd in den Wald,
der Baron vergaß ihn bald.
Zwei Jahre später war er hier
und jagte wieder im Revier.

Da tauchte plötzlich wieder auf
der Kirschkernhirsch im schnellen Lauf.
Auf dem Kopf man glaubt es kaum
wuchs ihm vollreif ein Kirschenbaum.

Er erkannte ihn gleich wieder,
streckte ihn mit Blattschuss nieder.
Dann gabs vom Rücken ein Gericht,
Kirschtunke lecker fehlte nicht.

Ernst Litfaß

Ernst Litfaß hätte nie gedacht,
was man heute aus ihm macht.
Seine Säulen sind passé,
Tattoos dagegen sehr okay.

Wilhelm Busch

Über Musik, die wir ja lieben,
hat Wilhelm Busch dies geschrieben:
„Musik wird störend oft empfunden,
weil sie mit Geräusch verbunden."

Wenn solcherart Gedanken keimen,
kann man schnell viel mehr noch reimen:
Das Leben ist so reich und bunt,
es gäbe da noch manchen Fund:

Parfüm wird störend oft empfunden,
weil es mit Geruch verbunden.
Mode wird als störend oft empfunden,
weil sie mit Geschmack verbunden.

Ein Bau wird störend oft empfunden,
weil er mit einem Stau verbunden.
Die Rose wird als störend oft empfunden,
weil stets mit Dornen sie verbunden.

Busch, der Universalist,
meint, dass nichts vollkommen ist.
Wer den Vorteil angenommen,
kann oft den Nachteil mitbekommen.

Köpenick

Köpenicker Becken

Die Dahme küsst voll Liebesweh
in Köpenick die Müggelspree.
Sie ist nun Spree und kann sich recken
sogleich zum Köpenicker Becken.

In meinem Garten sitz ich schick,
habe alles gut im Blick
und reichlich Stoff zu Schreiben
bei diesem bunten Treiben.

Schubverband

Da kommt ein großer Schubverband.
Ich sehe an des Schiffes Rand,
er kommt aus Swinemünde
und hat ersichtlich gute Gründe
für den Transport von alten Dingen,
die uns erneuert Freude bringen

Seniorenrudern

Ich höre sie von Ferne schon,
die Trommel mit dem lauten Ton.
Sie gibt den Takt der Schläge an,
die Ruder-Crew hält sich daran.

Acht Senioren, Mann und Frau
halten das Tempo ganz genau.
Sie rudern hier seit Jahren schon
und immer schwächer wird der Ton.

Dampferfahrt

Interessant die Dampferfahrt,
es ist ein Blick ganz anderer Art
vom Wasser her auf das Land,
es wirkt als wär es unbekannt.

Was der Kapitän erklärt,
unser Wissen hierzu mehrt.
So ist die Wasserfahrt zum Schluss
für Geist und Seele ein Genuss.

Raser

Ein Boot fährt schnell und laut vorbei,
das Wasser spritzt sehr hoch dabei.
Ich muss sogar rückwärtsgehen,
Der Raser ist nicht mehr zu sehen.

Floßboot

Für Partys gibt es viel Gründe,
sie nicht zu nutzen wäre Sünde.
Auf einem Floß, das ist doch was
und macht sicher großen Spaß.

Die Musik ist mächtig laut,
ich sehe Bräutigam und Braut.
Singen, tanzen, essen, trinken,
lachen und auch manchmal winken.

Vergessen ist der Alltagsfrust,
man genießt des Lebens Lust.

WaPo

Das blaue Boot schwimmt leis vorbei.
Es ist ganz klar die Polizei.
Es kommt aus Richtung Müggelsee
und ist ab hier die WaPo Spree.
Wir brauchen sie auf jeden Fall,
so viel Verkehr ist überall.

Besonders an den Wochenenden
wollen sie die Botschaft senden.
Für Ordnung und für Sicherheit
sind wir hier jeden Tag bereit.
Bis jetzt ist alles gut gegangen,
die Angler haben was gefangen

Angler

Sie sitzen früh im Kahne schon
und wechseln oft die Position.
Sie wollen Rapfen, Wels und Zander,
am besten alle nacheinander.

Ein weiter Wurf muss es schon sein,
die Angel raus, die Angel rein
mit einem Blinker vorne dran,
hoffentlich beißt einer an.

Bleibt Hoffnung für das nächste Mal
mit dem Wurm, Barsch oder Aal.
Vielleicht mit Glück sogar ein Hecht,
der käme ganz besonders recht.

Jeder Tag ist Angeltag,
nicht jeder aber Fangeltag.
Wenn es so ist, gibt's keinen Frust,
denn Angeln ist ja eine Lust.

Lebensretter

Da kommt auch schon das rote Boot,
auch Trikots der Insassen rot.
Ich freue mich, wenn ich sie seh
mit gelber Schrift DLRG.
Sie sind auch hier zu jeder Zeit
zur Lebensrettung ganz bereit.

eFoil

Neuerdings seh ich den Mann,
der über Wasser schweben kann,
doch stehend auf dem Brette schwimmt
und rasant die Kurven nimmt.

Ich weiß, ein Motor ist dabei,
trotzdem denk ich an Zauberei.
Alles wirkt so elegant,
er fällt nicht rein und bleibt im Stand

Toll ist so ein Surfpatent,
dass sich neudeutsch eFoil nennt.
Auch die Stand up Paddlerin
schaut bewundernd zu ihm hin.

Tretboot

Mann und Frau im Tretboot sitzen
und beim Strampeln mächtig schwitzen.
Sie müssen aus des Dampfers Route,
der mahnte schon mit lauter Tute.
Endlich schwimmt er schnell vorbei
noch erschrocken sind die zwei.

Vögel

Es tummeln sich seit eh und je.
Wasservögel auf der Spree.
Blässhuhn, Ente, Reiher, Schwan,
Möwe und auch Kormoran.
Manchmal fällt mir einfach ein,
sie könnten meine Nachbarn sein.

Gleich im Aufgang nebenan
geht die Frau stolz wie der Schwan.
Ein Angler macht sich auf den Weg,
er will jetzt auf den Reiher-Steg.
Kinder in der Einkaufshalle
suchen Futter wie die Ralle.

Der Schwimmer taucht mitunter
so wie der Kormoran hinunter.
Zwei Frauen schnattern immerzu
wie die zwei Enten ohne Ruh.
Die Kitakinder lachen laut,
das ist von Möwen her vertraut.

Yacht

Was die Spree sympathisch macht,
sie trägt gerne eine Yacht.
Selbstbewusst kommt sie heran,
als ob ihr nichts passieren kann
und verkündet stolz seht hin,
ich bin hier die Königin.

Schwimmerin

Bedächtig schwimmt sie ihre Bahn,
so als wäre sie ein Schwan.
Sie wohnt schon fünfzig Jahre hier
und kennt genau ihr Schwimmrevier.

Nicht immer brennt die Sonne heiß,
sie badet aber wie ich weiß,
regelmäßig auch an Tagen,
wo wir es lieber nicht mehr wagen.

Am Ufer dicht mit wachem Blick,
die Strecke hin und gleich zurück.
Erst wenn sie ein Bad genommen,
ist für sie der Tag vollkommen.

Paddelboot

Paddler sind meist sehr entspannt.
Das Gewässer ist bekannt.
Sie paddeln ihre Runden
und freun sich auf die Stunden,
in denen sie freiwillig keuchen
und den Alltag so verscheuchen.
Länger wollen sie noch bleiben,
lassen sanft sich einfach treiben.

Hauptmanntick

Es lebt ein Mann in Köpenick,
der hatte einen Hauptmanntick.
Er nahm die Hechte aus dem Wappen
und vertauschte sie mit Schlappen.

Da man die Polizei betraute
zu ermitteln, wer da klaute,
wurde er schnell aufgespürt
und dem Richter vorgeführt.

Der sprach sein Urteil schnell und klar.
Da der Täter Angler war.
musste er zwei Hechte bringen,
weil sie in dem Wappen hingen.

Mit Können und mit sehr viel Glück
brachte er sie schnell zurück.
Die Köpenicker aber lachten,
weil sie an den Schuster dachten,
der als Hauptmann dunnemal
die Kasse aus dem Rathaus stahl.

PS

Leider ist das Fantasie,
doch wir alle brauchen sie,
um uns selbst in trüben Zeiten
etwas Freude zu bereiten.

Einkaufstick

Eine Frau aus Köpenick
hat wohl einen Einkaufstick.
Öfter sehe ich sie ziehn
durch die bunte Stadt Berlin.

Warum hab ich sie gefragt.
Da hat sie zu mir gesagt,
Trägheit macht die Menschen dumm,
Einkaufsneugier treibt mich um.

Hier der letzte Tour-Bericht.
Einen neuen gibts noch nicht.

In Köpenick am Müggelsee
trank sie eine Tasse Tee.

In Reinickendorf Wittenau
gabs beim Einkauf viel Radau.

In Kreuzberg auf der Meile
ging auf und ab sie eine Weile.

Sie holte sich in Friedrichshain
einen dicken Kamm vom Schwein

Ein großes Bild in Pankow
ergab ein dickes Manko.

Dann fuhr sie zum Prenzelberg,
dort gab es einen Gartenzwerg.

Sie stieg in Weißensee auch aus
und kaufte einen Blumenstrauß.

In Steglitz-Zehlendorf noch schnell
die Tageszeitung aktuell.

In Charlottenburg und Wilmersdorf
für die Körperpflege Torf.
In Neukölln aß sie zwei Döner
im Glauben sie wird schöner.

In Tempelhof-Schöneberg
probierte sie ein Bäckerwerk.

In Mitte-Wedding-Tiergarten
musste sie zu lange warten.

In Hellersdorf und Marzahn
schmerzte ihr der Weisheitszahn.

Kaum in Hohenschönhausen
bekam sie Ohrensausen.

In Lichtenberg wars wieder besser,
sie kaufte endlich scharfe Messer.

In Spandaus Zitadelle
schaute sie noch schnelle.

In Treptow ging sie in zwei Bars.
Das wars.

Spree-Feen

Am Abend sehe ich zwei Frauen
im „GreenKayak“ aufs Wasser schauen.
Sie paddeln eifrig hin und her
und bergen Abfall kreuz und quer.

Im Boot die Tonne steht bereit,
sie ist bald voll, du liebe Zeit.
Ich freue mich, wenn ich sie seh,
und mit mir freut sich auch die Spree.

Götter und Teufel

Griechische Götter

Im antiken Griechenland
waren die Götter allbekannt.
Die Menschen glaubten, dass die Welt
durch Götterwerk zusammenhält.

Ich will einige hier nennen,
die wir auch noch heute kennen
und des Lesers Neugier wecken,
um sie näher zu entdecken.

Zeus

Lebten Männer so wie er,
gäb's keine Goldene Hochzeit mehr.

Hera

Sie muss mit Zeus sich arrangieren,
sonst könnte sie nicht mitregieren.

Poseidon

Der Dreizack ist sein Markenzeichen.
Wer ihn ärgert, der muss weichen.

Demeter

Die Erdgöttin lädt zum Erntetanz
mit ihrem goldenen Ährenkranz

Aphrodite

Paris raubte Helena
nachdem er ihre Schönheit sah.

Hermes

Was Zeus entscheidet verkündet er
als Götterbote und noch viel mehr.

Hephaistos

Mit Feuer und mit Schmiedekunst
erwirbt er sich der Götter Gunst.

Hestia

Familienglück und eigener Herd
sind der Jungfraugöttin Wert.

Ares

Noch immer möchte hier auf Erden
mancher Gott des Krieges werden.

Apollon

Gott des Lichts, der Prophetie,
der Heilkunst, auch der Poesie.

Athene

Aus dem Kopf des Zeus entsprungen,
deshalb viel Weisheit hier errungen.

Artemis

Wer an sie denkt lobend sagt:
Es lebe der Mond und auch die Jagd.

Dionysos

Wer Wein, Weib und Gesang beschwört
hat Goethe ganz bestimmt erhört.

Medusa

Der schlafenden Medusa Haupt
hat Perseus ihr zum Tod geraubt.
Zum Stein erstarrte, wer sie sah.
Er kämpfte um Andromeda.

Der Feind war in der Überzahl,
da blieb ihm keine andere Wahl.
Er holte die Medusa raus
und machte ihnen den Garaus.

Bei allen seinen Heldentaten
hat ihn Athene stets beraten.
Sie hat Medusa einst verwandelt
und ihre Schönheit so verschandelt.

Wenn man antiken Sagen glaubt.
bekam die Göttin dieses Haupt,
das ihr Perseus mit Bedacht
nach dem Kampf zurückgebracht.

Wenn sie es hochhält, fällt mir ein,
wer würde heut ein Menschenstein?

Kassandra

Aus dem antiken Griechenland
ist Kassandra uns bekannt.
Was sie in der Zukunft sah,
wurde später wirklich wahr.

In Troja hatte sie gesehen,
dass im Krieg sie untergehen.
Keiner glaubte ihrem Schrei,
sie hielten es für Jammerei.

Würde sie noch heute leben,
könnte sie ein Beispiel geben.
Ich hätte sie sehr gern gefragt,
was sie zu unsrer Zukunft sagt.

Wir hätten sie sehr ernst genommen.
Und sie wär nicht umgekommen.

Die Nymphe Echo, Echo

Hera hörte gern Geschichten,
die musste Echo ihr berichten.
So wollte es der Göttin Gatte,
derweil er Liebensabenteuer hatte
und diese heimlich unternahm,
damit Hera nicht dahinter kam.

Doch sie hat es rausbekommen
und Echos Sprache weggenommen.
Die wiederholte nur noch jetzt,
was man ihr sagte ganz zuletzt.
So hatte Hera es geschworen
und das Echo war geboren.

Ich stell mir vor, das gilt noch heute,
was für ein Echo Leute, Leute!

Asen – die Nordischen Götter

Göttermythen aus dem Norden
sind unsere Tradition geworden.
Bis heute kennen wir Geschichten,
die von dieser Welt berichten.

Nicht alle Götter will ich nennen,
zehn lernen wir ganz kurz hier kennen.
Vielleicht entfachen sie die Lust,
und man hätt gern noch mehr gewusst.

Odin

Einäugig sucht er ruhelos
als Chef die Weisheit grenzenlos.

Frigg

Als Odins Frau behütet sie
Haus Herd und Götterharmonie.

Freya

Die Liebesgöttin ist Idol
für Gattenliebe, Kindeswohl.

Thor oder Donar

Er wirft den Hammer, wenn er mag,
nicht nur allein am Donnerstag.

Heimdall

bewacht die Regenbogenbrücke,
kennt hier genau auch jede Tücke.

Balder

friedlich, weise, schön und rein,
so sollte der Mensch immer sein.

Skadi und Ullr

Winter und die Jägerei,
sie und er mit Lust dabei.

Idun oder Iduna

Verleiht den Göttern alle Zeit
Jugend und Unsterblichkeit.

Nerthus

Fuhr er durchs Land, da herrschte Frieden.
Ach, wäre er uns jetzt beschieden.

Das Gewitter

Die schwarze Wolke zieht heran,
ein Gesicht ist zu erkennen.
Es ist auf jeden Fall ein Mann,
wen kann ich hier benennen?

Jetzt schleudert er ganz schreckensgroß
Blitz und Donner schnell hernieder.
Die Wolke lässt den Regen los,
der peitscht uns kräftig, immer wieder.

Das kann doch nur die Gotteskraft.
Ist es Zeus, vielleicht auch Thor?
Egal, wer dieses hat geschafft,
welche Strafe steht bevor?

Die alten Mythen sind lebendig
bei den Griechen und Germanen.
Sie bewegen uns noch ständig,
denn so dachten unsere Ahnen.

Donar oder Thor

Spannt Donar seinen Wagen an
mit den Ziegen vorne dran,
rast er durch das Himmelreich,
wir hören das als Donner gleich.

Damit dieser lautstark kracht,
ist der Fahrweg so gemacht,
dass sich wechseln Berg und Tal.
So wächst der Krach hier tausend Mal.

Den Hammer schleudert Thor zur Erde,
damit daraus ein Blitzschlag werde.
Als Mjölnir ist er uns bekannt
und kehrt zurück in seine Hand.

Die Heldenkämpfer in Walhall
sehen, hören Blitz und Knall,
so dass sie wie im Erdenleben
in Ehrfurcht vor den Göttern beben.

Als es blitzte Schlag auf Schlag,
war die Nacht hell wie der Tag
und Thor danach total geschafft,
fast verbraucht war seine Kraft.

Die Schulter schmerzte stundenlang,
er fühlte sich ganz schlapp und krank
und sagte dann zum Göttervater,
ich habe großen Muskelkater.

Den Hammer hat er noch geputzt,
ihn aber lange nicht benutzt.
Die Ziegen standen nun im Stall
und ruhig war es überall.

Nachtrag:
So ein Fahrweg für den Thor
kommt bei uns auch manchmal vor.

Menschlich, menschlich 1

Es trafen sich die Gott-Gebieter,
Odin, Zeus und auch Jupiter.
Jeder sprach von seinem Reiche.
Es war aber stets das Gleiche.

Wieviel Rivalen, wieviel Frauen,
welchem Gott kann man denn trauen.
Wie spinnen wir Neid und Intrigen,
um am Ende stets zu siegen.

Wie sichern wir in jeder Schlacht
immer nur die eigene Macht.
Wir bestimmen ganz allein
und richten unsere Welt so ein.

Menschlich, menschlich 2

Zeus …

Er ist in seiner Götterwelt
der allergrößte Frauenheld.
Das führt ganz logisch zu dem Schluss,
dass er als Gott auch Mensch sein muss.

… und Teufel

Er ist in der Dämonenwelt
der allergrößte Bösenheld.
Das führt ganz logisch zu dem Schluss,
dass er vom Mensch was haben muss.

Bernstein

Die alten Götter können weinen
Tränen aus sehr edlen Steinen.
Auch der Bernstein ist zu nennen,
den wir aus der Ostsee kennen.

Weil es so viel sind, denke ich,
sie trauerten und freuten sich.
So ist es auch im Götterreich.
Darin sind sie uns Menschen gleich.

Hühnergott und Bernstein

Ein Hühnergott lag am Strand,
ein Bernstein noch daneben.
Als eine Frau die beiden fand,
da konnte man erleben,
dass sie den Augen erst nicht traute
und dann mit stiller Freude schaute.

Schon Menschen in der Altsteinzeit
hielten sie als Schmuck bereit.
Mit ihnen sehr verbunden
trug sie beide schon nach Stunden
und will so Kultur bewahren
aus Epochen vor Millionen Jahren.

Jonas‘ Walnuss

Ein großer Fisch hat ihn verschluckt
und nach drei Tagen ausgespuckt.
Jona ist Prophet gewesen.
Das kann man in der Bibel lesen.

Sofort dachte er ganz klar,
dass sein Fisch ein Walfisch war.
Ein anderer hätte ihn gefressen.
So hat er nur im Bauch gesessen.

Am Ufer überlegte er,
wo kriege ich jetzt Essen her.
Er fand im Beutel eine Nuss.
Die aß er auf mit viel Genuss.

Der Hunger plagte ihn noch sehr,
doch war der Magen nicht mehr leer.
Er sprach, ich will die Walnuss preisen
als eine von des Gottes Speisen.

So erhielt sie ihren Namen.
Amen

Teufel

Kuhhaut
Der Teufel war im Mittelalter
aktiver Lebensmitgestalter.
Dies zumindest glaubte man
und viele hielten sich daran.

Endete ein Lebenslauf,
schrieb Luzifer die Sünden auf.
Dafür nahm er Pergament,
dass man ja bis heute kennt.

Er brauchte sehr viel Platz dazu
und nahm statt Kälbchen eine Kuh.
Deshalb ist diese Haut bis heute.
ein Sündenplatz für manche Leute.

Die Sünden sind jetzt doppelt schwer.
Eine Kuhhaut reicht nicht mehr.
Des Teufels Herde steht bereit.
Reicht nun der Platz in dieser Zeit?

Teufelshandy

Der Teufel wollte gern mal ruhn,
hatte aber viel zu tun.
Er war vom Handy ganz besessen,
hatte sein Teufelswerk vergessen.

Da hörte er den Klingelton
von seinem schlauen Telefon.
Die Großmutter sehr wütend schalt,
ich frier, die Hölle ist so kalt.

Der Suppenkessel dampft auch nicht,
deshalb gibt's heute kein Gericht.
Er versprach, ich komm sofort,
saß lange noch am selben Ort.

Da kam Petrus schlecht gelaunt,
und sprach zum Teufel ganz erstaunt,
keinen kann ich zu dir schicken,
weil sie kein Feuer hier erblicken.

Sie drängeln sich am Himmelstor.
Noch niemals kam so etwas vor.
Sie dürfen in den Himmel nicht.
Ich rufe Gott an zum Gericht.

Teufelsauge
Es gab mal einen Edelstein,
funkelnd rot im Sonnenschein.
Doch wenn die Sonne unterging,
sah man das Funkeln noch gering.
Wurde es jedoch sehr dunkel
war es aus mit dem Gefunkel.

Der Teufel hat den Stein geklaut,
einen Safe aus Glas gebaut
und in die Hölle ihn gebracht.
Da funkelt er auch in der Nacht
und wird bis heut im ganzen Land
Teufelsauge nur genannt.

Tierisches

Fuchs und Wolf

Das Märchenpaar gefällt mir sehr.
Ich wünschte mir bei Grimms noch mehr
Der Wolf ist stets verfressen,
der Fuchs vom Schalk besessen,
dazu natürlich auch noch schlau.
Des Wolfes Geist ist eher mau.
Er will vom Fuchs der Beute Ort,
gönnt ihm jedoch ein Häppchen dort.

Diesem ist das ganz egal,
denn er schafft es jedes Mal,
dass stets der Wolf zum Verdruss
für seine Gier bezahlen muss
und am Ende nur verliert,
der Fuchs hingegen triumphiert.
Dafür lieben ihn die Kinder,
die Erwachsenen nicht minder.

Der Strauchdieb

Der Igel kam auf leisen Sohlen
und hat im Nest ein Ei gestohlen.
Es war ganz im Strauch versteckt,
der Igel hats trotzdem entdeckt.
Der Vogel schrie und schimpfte laut,
du Strauchdieb hast mein Ei geklaut.

Zwei Regenwürmer

Zwei Regenwürmer trafen sich.
Der eine sagt, wie fürchterlich,
die Enge halte ich nicht aus,
ich krieche sofort hoch hinaus.

Der andere mahnt, bleib nur im Boden,
und lass ab von neuen Moden.
Der eine war da schon verschwunden,
der andere hat ihn nie gefunden.

Der arme Wurm

Ein Regenwurm kroch aus der Erde,
damit er nicht gefressen werde.
Der Maulwurf war dazu bereit,
so war es allerhöchste Zeit.

Eine Krähe sah ihn liegen
und freute sich, ihn zu kriegen.
Schnell kroch er ins Loch zurück.
Der arme Wurm hatte kein Glück.

Wer?

Ein Irrtum war es sicher nicht,
ich sah sie gut im Schummerlicht.
Sie kam direkt auf mich zu
und raubte mir die Abendruh.
Wer um alles in der Welt
hat die Kakerlake herbestellt?

Der Bärendienst

Aus alter Zeit kommt diese Sage:
Es war dunkel schon am Tage,
da klopft es in der Mühle an.
Draußen stand verirrt ein Mann
und bat den Müller um Quartier
für sich und seinen Bären hier.

Der Müller stimmte dem auch zu,
die Nacht brach an, man ging zur Ruh.
Auf der Ofenbank schlief der Mann,
der Bär in der Mühle nebenan.
Doch schnell wars mit der Ruh vorbei,
man hörte Poltern und Geschrei.
Auch der Bär hat laut gebrummt,
schließlich war der Krach verstummt.

Die Nacht verging, der Morgen kam,
der Bärenführer Abschied nahm
mit einem herzlich frohen Dank
für des Müllers Speis und Trank.

Ein Jahr hielt des Müllers Ruh,
dann trug folgendes sich zu:
Durch die Türe seiner Stube
schaute rein sein Koboldbube
und fragte bei dem Müller an,
ob er ihm denn sagen kann,
lebt die große schwarze Katze noch?
Des Müllers Antwort: doch, doch doch.
Und Junge hat sie sieben Stück.

Da sprang der Kobold gleich zurück.
Der Müller setzte sich schnell nieder,
der Kobold aber kam nicht wieder.
Der Bärendienst war sehr willkommen,
der Müller hat ihn gern genommen.

Bienen

Wer Honig mag rühmt Bienenfleiß,
aber der hat seinen Preis.
Wochen nur währt Bienenleben,
weil sie im Sommer alles geben.

Gelobt wird auch der Bienenstich,
ein Kuchen wie gemacht für mich.
Den einen, den will keiner haben,
am anderen will man sich laben.

Raben

Herr Rabe nahm sich eine Frau.
Sie war so schwarz wie er genau.
Die Ehe hielt ein Leben lang.
Es gab ja keinen Kleidungszank.

Die Spinne

An der Decke in der Ecke
saß zum Zwecke Fliegenfang
eine Spinne tagelang.
Fliege kam nicht angesurrt,
Spinne hat nicht mal gemurrt,
spann nur einen langen Faden
sehr schwer mit Geduld beladen.

Igel und Nachtigall

Der Igel und die Nachtigall,
die streiten sich von Fall zu Fall,
was besser wohl im Leben nütze,
die Stimme oder Stachelspitze.

Stolz schwillt dem Vogel sein Gefieder:
„Der Wohlklang meiner Abendlieder
entzücket alle, denn begreife,
ich bin geschult zur Sängerreife."

„Ach", brummt der Igel, „lass dir sagen,
kannst du damit den Feind verjagen?
Ich aber kann es, denn begreife,
ich bin geschult zur Stachelreife."

So streiten sie sich Stund um Stund
und wetzen ihre Zungen wund,
anstatt nun endlich zu begreifen,
benötigt werden beide Reifen.

Der Eichelhäher

Im Walde lebt der Eichelhäher,
ein besonders guter Späher.
Sieht er einen Fremden hier
warnt er krächzend sein Revier.
Alle Tiere wissen nun,
was ist jetzt für sie zu tun.

Ochs und Esel

Ochs und Esel trafen sich
durch einen Zufall sicherlich.
Der Esel stand auf seinem Fleck,
der Ochse einen Meter weg.
So standen sie und glotzten nur.
Denn beide sind bekanntlich stur.

Zebra und Schimmel

Das Zebra sprach zum weißen Pferd,
mein Freund, lebst du etwa verkehrt?
Ich kann nämlich nicht begreifen,
wo sind deine schwarzen Streifen?

Der Schimmel sprach zum Streifenpferd,
mein Freund, ich lebe nicht verkehrt.
Deshalb kann ich nicht begreifen,
wozu hast du nur schwarze Streifen?

Schusterkauz

Der Waldkauz rufet immerzu
beim Balzen schuu-hu-huhuhuhuu.
Wenn ich ein Schustermeister wär,
wünscht ich mir den Waldkauz her.

Der nahe Wald wär sein Revier
und er bliebe immer hier.
Ruft er mich schuu-hu-huhuhuhuu,
freue ich mich immerzu.

Hecht und Karpfen

Der Hecht tat sich dem Karpfen wichtig.
Du grüßt mich nicht, das ist nicht richtig.
Der Mensch rühmt mich sehr zu Recht,
wenn er sagt, ein toller Hecht.

Der Karpfen sprach: Was uns vereint,
der Mensch ist unser beider Feind.
Wer diesen lobt, der denkt verkehrt
und ist keines Grußes wert.

Verführt

Am 21. Juli 2017 wurde im Göhlensee im Bundesland Brandenburg ein großer Wels von 2,20 m und 64 kg gefangen. Er ist ein Raubfisch, nimmt aber auch gelegentlich pflanzliche Köder - so wie in diesem Fall. Es ist der größte Wels, der bis dahin in Brandenburg mit der Angel gefangen wurde. Er ließ sich durch eine aufgefädelte Maiskette verführen. Deshalb:

Es wollt der Wels mit Mais sich schmücken,
er ahnte nicht der Kette Tücken.

Das Pferd

Sie reitet gern und liebt ihr Pferd.
Das ist sicher nicht verkehrt.
Es ist stark und klug, gut im Sport
und hört ihr zu bei jedem Wort.
So hätt sie einen Mann zum Schatz.
Bis dahin ist das Pferd Ersatz.

Stare

Wer bei uns zu den Besten zählt,
wird viel zu schnell zum Star erwählt.
Als die Stare das gehört,
waren freudig sie betört
und sangen laut es in die Welt,
wir sind den Besten gleichgestellt.
Ihr Drosseln, Meisen, Spatzen
könnt vor Neid jetzt platzen.

Hummelklage

Der Mensch bewundert Bienen,
wiel sie den Pflanzen dienen.
Nur wenig loben Hummelfleiß
und geben uns den gleichen Preis.

Das ist äußerst ungerecht.
Darum liebe Menschen sprecht,
warum wollt ihr Lob verwehren
Hummelarbeit weniger ehren?

Wir alle strengen uns doch an,
damit Natur gedeihen kann.
Gebt uns beiden euren Preis
für Bienen- und für Hummelfleiß.

Schmusekätzchen

Ich hatte mal ein Schmusekätzchen,
das lag auf ihrem Lieblingsplätzchen.
Als der Kater dieses wollte,
oh, wie da das Kätzchen grollte.

Es ohrfeigte ihn windelweich,
kam dann zu mir und schmuste gleich.

Käferkreislauf

Der Engerling lebt in der Erde,
damit ein Käfer daraus werde.
Im Herbst dann wird es soweit sein,
dass er im Mai sich kann befrein,
fliegt brummend durch das grüne Land,
als Maienkäfer uns bekannt.

Hat ein Weibchen er gefunden,
paart er sich, lebt nur noch Stunden.
Sie legt danach die Eier ab
und findet bald ihr eigenes Grab.
Nun entwickeln sich die Dinge,
nach Jahren sind es Engerlinge.

Ihm folgt wenig später gleich
der Junibruder in sein Reich.
Abends kommt er erst in Schwung,
sucht Nahrung in der Dämmerung.
Auch er will und muss sich paaren,
damit sie nicht die letzten waren.

Das Weibchen legt die Eier ab
und findet bald ihr eigenes Grab.
Nun entwickeln sich die Dinge,
nach Jahren sind es Engerlinge.

Wenn sie als Käfer sind bereit,
dann ist der Sommer nicht mehr weit.
Heute noch spür ich nach Jahren
die Freude als wir Kinder waren.

Maienmelodie

Ein Maienkäfer sagte sich,
als Sänger hätt ich sicherlich
mit meinem Melodiegebrumm
ein aufmerksames Publikum.

Gesagt, getan und schon erklang
des Maienkäfers Bassgesang.
Eine Biene fand das nett
und bot sich an zum Summduett.

Nun sangen beide in die Stille.
Nebenan saß eine Grille
und schlug den lauten Sängern vor,
ich sing gern mit als ein Tenor.

Sofort waren sie bereit
und bald ertönte nah und weit
des Trios Maienmelodie
brumm brumm, summ, summ, zirpie, zirpie.

Der Beifall kam aus Feld und Flur.
Das Trio ging nun froh auf Tour.
Man kann sie stets am Abend hören
und lässt sich gern davon betören.

Maikäfer

Als er aus der Erde kroch
und die Maiendüfte roch,
flog er auf eines Baumes Blatt
und fraß sich erstmal richtig satt.

Sogleich schaute er genau,
wo find ich eine Maienfrau.
Er hat sich wochenlang geschunden,
sie aber leider nicht gefunden.

Schließlich war er so geschafft
und hatte nunmehr keine Kraft,
fiel vom Baume in das Gras,
wo ihn eine Henne fraß.

Er wäre zwar auch so gestorben,
nachdem er eine Frau umworben.
So merken wir nun erst nach Jahren,
dass hier die Käfer einmal waren.

Der Sperling

Ein Sperling schimpfte unverdrossen
Das ärgerte die Artgenossen.
Der eine davon tschilpste,
ich weiß nicht recht, was willste.
Die Antwort war, ist mir egal,
ich tschirpe, tschilpe gerne mal.

Nachtigall und Eule

Ertönt das Lied der Nachtigall
freuen sich viele überall.
Singt eine Künstlerin wie sie
gilt sie sofort als Stimmgenie,
ist darum überall bekannt
und wird auch Nachtigall genannt.

Die Eule mag man nicht so sehr,
sie hält sogar als Schimpfwort her.
Dennoch haben beide Platz
in unserm Kopf als Gegensatz.
So sagt man platt in solchem Fall:
Wat dem eenen sin Uhl
is dem annern sin Nachtigall.

Raubtier

Ein Raubtier überlebt nur dann,
wenn es Beute fressen kann.
Das ist Gesetz in der Natur
und gilt für jede Kreatur.

Der Mensch kennt leider diese Not.
Sein Lebenspreis ist auch der Tod.
Darum gilt für ihn die Pflicht:
Verachte deine Beute nicht.

Weil er bekrieget seinesgleichen,
wird er dieses nicht erreichen.
Noch mehr, er überlebt nur dann,
wenn er sich wirklich ändern kann.

Der Kormoran

Es lebte jüngst ein Kormoran,
der hatte einen Größenwahn.
Kleine Fische fing er nicht,
zu gering war ihr Gewicht.

Vorbeigeschwommen kam ein Hecht,
der war ihm gerade recht.
Er blieb in seinem Halse stecken
und beide mussten bald verrecken.

Und die Moral von der Geschicht?
Gier und Hochmut taugen nicht.

Trauer

Manchmal gibt es Grund zur Trauer.
Ein Nest war in des Giebels Mauer.
Darin befand sich schon die Brut.
Das Eichhörnchen hörte sie gut,
versuchte, sie im Nest zu fressen
und hat dadurch festgesessen.
Es kam leider nicht mehr frei,
starb mit den Vöglein Anfang Mai.

Das Schwein

Der Schäfer kaufte sich ein Schwein
und sperrte es im Schafstall ein.
Aber schon nach kurzer Zeit
gab es hier sehr lauten Streit.
Der Schäfer hat frustriert geschnauft
und ärgerlich sein Schwein verkauft.

Das war gut, denn nach zwei Wochen
hätt er sich fast den Fuß gebrochen.
Da fiel ihm Volkes Rede ein,
Gott sei Dank, ich hatte Schwein.

Der Fuchs 1

Der Hühnerstall schien fest und dicht,
hier holt der Fuchs die Hühner nicht.
Doch als sie dann am Morgen schaut,
hat der Fuchs ein Huhn geklaut.

Dinge gibt es viel im Leben,
die sollte es ja so nicht geben.
Oder doch, der Fuchs vollbrachte,
woran man vorher gar nicht dachte.

Die Lücke ist jetzt repariert.
Mal sehen, ob der Fuchs verliert.

Der Fuchs 2

Ein Fuchs durchstreifte sein Revier,
schaute dort und prüfte hier.
Am nahen Teiche blieb er stehen,
um nach Fischen dort zu sehen.

Da sah er sich als Spiegelbild
und wurde gleich fuchsteufelswild.
Er sprach ihn an, was willst du hier,
hau ab, denn das ist mein Revier.

Der aber stand am selben Fleck
und ging hier überhaupt nicht weg.
Rotpelz sprang, das Maul noch offen
und wäre fast im Teich ersoffen.

Als er das Ufer nass betrat,
war er stolz auf seine Tat.
Ich hab gewonnen, dachte er,
der kommt bestimmt nicht wieder her.

Schaf und Ziege

Auf einer Wiese nah am Haus
tauschten sie Gedanken aus:

Ziege:
Sag mir doch, mein liebes Schaf,
warum seid ihr denn so brav?
Ich sehe in der Menschen Blicke,
für sie bin ich nur eine Zicke,
zumal, wenn es bei ihnen heißt,
mein Meckern geht auf ihren Geist.

Schaf:
Du siehst, ich bin ein schwarzes Schaf,
eigenwillig und nicht brav.
Ich bin anders, niemals still
und mache das, was ich nur will.
Was soll dieses Her und Hin?
Ich bleib genauso wie ich bin.

Ziege:
Deine Rede hör ich gern,
denn du triffst genau den Kern.
Mir egal was andre denken,
lasse mich davon nicht lenken.

Schaf:
Ich bin jetzt überall bekannt,
sonst hätte keiner mich gekannt.
Wir dumm und blöd? – auf keinen Fall.
Wer so spricht, der hat einen Knall.

Das schwarze Schaf

Es läuft in der Herde mit
wie alle auch auf Schritt und Tritt,
nicht andersartig, sondern brav
wie das normale Herdenschaf.

Und auch nicht der Hütehund
bellt sich hier die Kehle wund.
Der Schäfer aber mag es so
und ist darüber richtig froh.

Der Kuckuck

Im Mai und Juni ist die Zeit.
Wir hören, dass der Kuckuck schreit.
Das Männchen sagt uns, ich bin hier,
ringsherum ist mein Revier.

Seinem Weibchen geht es gut,
denn es füttert keine Brut.
Was wäre, wenn sie selber brütet,
die Jungen füttert und behütet?

Ein Schaden würde nicht entstehen
und das Leben weitergehen.
Der Schöpfer hat es so gemacht.
Was hat er sich dabei gedacht?

Das Eichhörnchen

Das Fell so kuschelig und braun,
immer spannend anzuschaun.
Niedlich, wenn es Nüsse frisst,
zu bewundern auch als Baumartist.
Ein Wirbelwind voll und ganz.
mit wehendem buschigem Schwanz,

Geschwind noch einmal Hopp, Hopp, Hopp,
dann ganz überraschend Stopp.
Es sitzt da, völlig erstarrt
und hat öfter mich genarrt.
Manches Mal möcht ich so klein
und flink wie dieses Eichhorn sein.

Tatort

Im Frühjahr wars als es geschah
im Kastanienbaum ganz nah.
Ein Eichhorn wurde bös bedroht,
zwei Krähen wollten seinen Tod.

Sie jagten es von Ast zu Ast
und hätten es getötet fast.
Es sprang voll Angst nochmal davon
nebenan auf den Balkon.

Der Krähen Jagd war nun vorbei,
sie flogen weg mit viel Geschrei.
Der Balkon war Eichorns Glück.
Nun sprang es in den Baum zurück.

Lob dem Kamel

Warum gilt als Schimpfwort hier
Kamel, zugleich auch Trampeltier?
Wer dieses irgendwann erfand,
dem fehlte es wohl an Verstand.

Es war und ist das Kamel
im ganzen Tierreich ein Juwel.
So erhaben und bescheiden
können wir es auch gut leiden.

Unentbehrlich für Millionen,
die am Rand von Wüsten wohnen.
Legendär sind Karawanen,
die sich durch die Wüste bahnen.

Außerdem kommt noch hinzu,
es ist Reitpferd und auch Kuh.
Bewerten wir es ganz reell,
dann ist es schlicht universell.

Unsere Sprache ist ein Schatz,
hier ist auch für Schimpfen Platz.
Dummkopf, Trottel fällt mir ein,
doch Kamel soll es nicht sein.

Wer dieses Tier als Schimpfwort nimmt,
irrt sich gewaltig, ganz bestimmt.
Darum sollten wir es wagen,
Kamel als großes Lob zu sagen.

Drei Affen

Sie sind berühmt, die drei Affen,
weil sie sitzen und nicht gaffen,
halten Ohren, Mund und Augen zu
als wollten sie nur ihre Ruh.

Ja, in der Tat, so ist es auch
entgegen aller Affen Brauch.
Normal treibt sie die Neugier an,
was man alles machen kann.

Und die Moral von der Geschicht:
Zeige offen dein Gesicht.

Heringe

Wo sind die Heringe geblieben,
das ist ein Fisch, den wir sehr lieben.
Früher viel für arme Leute,
nun leider wenig hier und heute.

Ein Brotfisch ist er fast nicht mehr,
ein Krümelfisch in Zukunft eher.
Auch Bismarck ist nicht mehr dabei,
zu Ende ist die Räucherei.

Löwe und Bär

Der Löwe rief den Meister Petz
und sprach zu ihm, hier ist ein Netz.
Entzwei sind viele von den Stricken
und du sollst sie zügig flicken.
Ich gebe königlichen Lohn
schaffst du es bis morgen schon.

Sehr zuversichtlich war der Bär,
er dachte sich, das ist nicht schwer.
Doch bald schwand ihm sein froher Mut,
er ahnte schon, das geht nicht gut,
hat mit Hangen und mit Bangen
sich am Ende selbst gefangen.

Der Löwe schaute sehr erheitert,
der Bärendienst war voll gescheitert.
Ich werde den Verdacht nicht los,
genau das wollte dieser bloß.

Lachmöwen

Ihr Geschrei das klingt wie Lachen.
Würden wir das auch so machen,
gäbe es nur Lacherei
und wir vermissten das Geschrei.

Die Elster

Der Elster Ruf der ist gebaut
auf den Vorwurf, dass sie klaut.
Dass dieser Mythos einst entstand,
beweist mangelnden Verstand.

Es ist leider oft im Leben,
Vorurteile bleiben kleben.
Man kriegt sie einfach nicht mehr ab,
sie verfolgen uns ins Grab.

Katze und Maus

Die Katze sitzt hier immer noch
seit Stunden vor dem Mauseloch.
Sie weiß durch ihren scharfen Sinn,
die Maus ist wirklich noch da drin.

Irgendwann muss sie ja raus,
dann gibt es einen Mauseschmaus.
Die ist aber auf der Hut,
denn sie kennt die Katzen gut.

Hat die Katze aufgegeben,
dann kann sie noch lange leben.
Doch ist die Wahrheit klar und schlicht.
Die Katze lässt das Mausen nicht.

Hase und Igel

In Grimms Märchen kann man lesen,
wie der Wettlauf ist gewesen.
Klug hat der Igel das gemeistert
und uns bis heute sehr begeistert.
Der Hase war zu arrogant,
deshalb verlor er den Verstand.

Und die Moral von der Geschicht:
Die große Klappe tut es nicht.

Antilopen

Als der Mensch in Afrika
diese Tiere erstmals sah,
hat er sie noch nicht gekannt
und sie Lope kurz genannt.

Die fragten gleich beim Schöpfer an,
ob er den Namen ändern kann.
Vielleicht taten sie ihm leid,
so gab er folgenden Bescheid:

Weil ihr so nicht heißen wollt,
das Gegenteil bekommen sollt.
Ich will euch fürs ganze Leben
den Namen Antilope geben.

Die Zecke

Zecke, Zecke
kriecht zur Hecke
um die Ecke
nur zum Zwecke
Zeckenstich.
Opfer aber zeigt sich nicht.
Zecke, Zecke ärgert sich
und wird schließlich zeckerich.

Kellerasseln

Eklig sind die Kellerasseln,
wenn sie Ernte uns vermasseln.
Wenn sie aber Abfall kauen
und zu Humus ihn verdauen,
dann freut sich der Gärtnersmann,
weil ihm die Assel helfen kann.
Spitzmaus, Igel sind nicht fern
und haben sie zum Fressen gern.

Wenn die Asseln derart nützen,
sollten wir sie durchaus schützen.
Aber draußen, nicht im Haus.
Hier gibt es immer nur Garaus.

Schwarzmundgrundel

Sie ist als Fisch ein kleines Tier,
lebt erst ein paar Jahre hier.
wird Schwarzmeer-Grundel auch genannt,
ist deshalb ein Fischmigrant.

Sie braucht kein Asylverfahren,
wie alle Tiere schon seit Jahren.
Da hilft kein Ärgern oder Stöhnen,
wir müssen uns daran gewöhnen.

Jetzt wird nur noch abgestimmt,
wer den ersten Platz einnimmt.

Im Tierpark

Die Affenmutter spricht zum Kind,
schau dir an, wie Menschen sind.
Sie laufen rum wie Papageien,
die kleinen Kinder schreien.

Sie bemalen Haut, Gesicht,
ich versteh das alles nicht.
Egal ob groß, egal ob klein,
lass dich nicht mit Menschen ein.

Die Karpfenfrau

Es lebte eine Karpfenfrau,
die war bald rund so wie ein Tiegel.
Sie wog sich jeden Tag genau
und sah dauernd in den Spiegel.

Eines Tages schwamm sehr schnelle
mit Farbentupfern rot bis pink
an ihr vorbei die Bachforelle,
der Kärpfin war sie viel zu flink.

Weil die Forelle sie nicht grüßte,
geriet in Zorn die Karpfenfrau,
schwamm im Kreis und schimpfte wüste,
das sag ich ihr nochmal genau.

Ich bin zwar nicht forellenschlank
und auch nicht so bunt wie sie,
die fette Flosse Gott sei Dank,
die hatte ich im Leben nie.

Der Kabeljau

Es lebte einst ein Kabeljau,
der suchte eine Ostseefrau,
schwamm darum durch das Kattegat,
weil es schon Ostseewasser hat.
In der Ostseebucht vor Kiel
war er endlich dann am Ziel.

Er freute sich auf offene Flossen,
die hätte er so gern genossen.
Als er eine Dorschfrau sah,
schwamm er zu ihr heran ganz nah.
Sie sagte nur, lass mich in Ruh
Ich kenn dich nicht, wer bist denn du?

Der Nordseefreier war verstört,
um nicht zu sagen sehr empört.
Es wurde nichts mit Liebesglück.
So kehrte er sogleich zurück.
Vom Ostseewasser kiemensatt
schwamm er durch das Kattegat.

Der kleine Dino

Ein kleiner Dinosaurier,
der wurde immer trauriger,
denn er hatte sich verirrt
und war deshalb sehr verwirrt.

Die Mama, 20 Meter groß,
die suchte ihn, wo ist er bloß
und sah ihn doch tatsächlich bald
vor einem großen Busch am Wald.

Sie holte ihn sehr schnell zum Glück,
die Traurigkeit ließ er zurück.

Dinosaurier

Früher in der Kreidezeit
Lebten Saurier weit und breit.
Das ist Millionen Jahre her,
die Dinosaurier gibt's nicht mehr.

Was wäre, würden manche leben?
Es müsste viel Probleme geben.
Eines davon könnte sein,
die Tierparks wären viel zu klein.

Der Buchfink

Wer soll der klügste Vogel sein?
Uhu und Rabe fällt mir ein.
Und wenn es nun der Buchfink ist,
weil er ja viele Eckern frisst,
auch Buchweizen sehr gern verzehrt
und somit alle Buchen ehrt?
Bei dreimal Buch viel Geisteskraft,
ein Vogel für die Wissenschaft.

Charly

Charly ist ein kleiner Hund,
er tut jeden Morgen kund,
und zwar durch Bellen um halb acht,
hallo, zu Ende ist die Nacht.

Sehe ich den muntren Spitz,
sag ich mir, es ist ein Witz,
wie dieser kleine Hundemann,
Tagesbeginn bestimmen kann.

Und bleibt einmal das Bellen aus,
so schaue ich zum Fenster raus.
Wo ist es bloß, das kleine Tier,
es ist nicht da, nicht dort, nicht hier.

Die Katze

Sie sitzt still und wartet noch
vor dem kleinen Mauseloch.
Doch dann reisst ihr die Geduld,
wer oder was ist daran Schuld?

Der Hunger nagt, es ist Zeit,
Katzenfutter steht bereit.
Später dann zur Abendstunde
gibt es eine neue Runde.

Völlig klar, der Grund ist schlicht,
die Katze ….. .. …… …. !

Die Maus

Sie hat die Katze längst entdeckt
und sich in ihrem Bau versteckt.
Der Feind ist weg, sie schaut verstohlen
muss schnell jetzt neues Futter holen.

Husch, husch hinaus, husch husch hinein,
es hat geklappt, so soll es sein.
Ihr Leben hängt an Wachsamkeit.
Die Katze kommt nach kurzer Zeit.

Egal, ob hell, ob gar kein Licht.
die Katze ….. .. …… …. !

Spatzen

Ich sitze kaum im Garten,
muss ich nicht lange warten.
Schimpfend kommt die Spatzenschar,
weil es vorher anders war.

Aus ihrem Tschilpen kann ich hören,
du sollst nicht unsere Kreise stören,
gehe lieber weg von hier,
denn dieses ist nicht dein Revier.

Das kann ich ganz gut verstehen,
dennoch werde ich nicht gehen,
denn der Garten hat viel Platz
sowohl für Mensch als auch für Spatz.

Der Zitteraal

Für uns ist Zittern eine Qual,
mitnichten für den Zitteraal.
Im Körper seine Batterie
erzeugt selbst Öko-Energie.

Er schlägt mit Strom, zittert dabei,
oft tödlich ist die Zitterei,
was bei Volt von siebenhundert
wahrhaftig nicht verwundert.

Es wäre wirklich ideal,
wir nutzten Strom vom Zitteraal.

Tierkreiszeichen

Sie kommen und sie weichen
im Jahr zwölf Tierkreiszeichen.
Ihre vielen Eigenschaften
bleiben lange an uns haften,
wenn man den Horoskopen glaubt,
egal ob neu oder verstaubt.
Wohl Millionen gab es schon.
Lest jetzt hier meine Version:

Der Steinbock liebt die Kletterei,
auch der Mensch ist gern dabei.

Der Wassermann in seinem Reich
herrscht mal streng oder auch weich.

Beim Fischvergleich stimmt alles
im Falle eines Falles,

Beim Widder wir an Sturheit denken,
wie anders soll er uns wohl lenken?

Wer wie der Stier entschlossen ist,
der geht gleich los ganz ohne Frist.

Welcher Zwilling will entscheiden?
Meistens keiner von den beiden.

Bei den Krebsen kann man sehen,
dass sie im Notfall rückwärts gehen.

Der Löwe kann sehr gut regieren,
dabei aber auch verlieren.

Die Jungfrau ist sehr zart und mild,
manchmal aber ganz schön wild.

Die Waage ist ganz unbestechlich,
sie zu ignorieren rächt sich.

Gefährlich ist oftmals schon
durch seinen Stachel der Skorpion.

Der Schütze trifft genau sein Ziel,
und erreicht im Leben viel.

Nun prüfe jeder, welche Zeit
hält eins von zwölf für mich bereit,
ist das wirklich von Gewicht,
stimmt es oder stimmt es nicht
oder stimmt von allen was,
bei jenem dies, beim anderen das.

Der Admiral

Dem Schmetterling Admiral
ist große Hitze wohl egal.
Wenn wir matt im Garten sitzen
und bei solchem Wetter schwitzen,
flattert er zu jeder Blüte,
ein Lebenskünstler bester Güte.

Der Reiher

Der Reiher spricht zu seiner Frau,
beim Menschen sehe ich genau,
er macht uns nach so manches Mal,
dies allerdings mit großer Qual.
Die Jungen braucht er dazu nicht,
würgt in die Schüssel sein Gericht.

Die Schnecke

Die Schnecke rief es laut hinaus,
ich bin so stark und trag mein Haus.
Da lief ein Igel gleich zu ihr
und fraß sofort das arme Tier.

Die Wahrheit ist ein hohes Gut.
Dazu braucht es oftmals Mut.
Wird sie wie hier zur Prahlerei,
dann ist das Leben schnell vorbei.

Frösche

Die Frösche rufen laut im Teich,
das Wasser ist gefüllt mit Laich.
Es ist ganz klar, was hier passiert.
Das Leben ist jetzt explodiert.

Wappentiere

Löwe, Adler, Bär sind hier
je ein bekanntes Wappentier.
Doch durch moderne Genderei
ist ihre Herrschaft bald vorbei.

Das kriegen wir ganz einfach hin,
am Namensende kommt ein „in“.
Beim Löwen muss das e noch weg,
dann erfüllt das „in“ den Zweck.

Weiblich sind sie nun bereit
für ihren Dienst in neuer Zeit.

Die Eiskuh

Eine Kuh ging auf das Eis.
Hier ist es glatt, wie jeder weiß.
Sie rutschte dort mal hin, mal her
und ging dadurch kreuz und quer.

Der Bauer dachte in dem Fall,
ich hol den Ochsen aus dem Stall.
Kaum hatte der die Kuh gesehen,
konnte er nicht widerstehen.

Er rannte los, brach sofort ein,
der Bauer schrie nur nein, nein, nein,
und fluchte laut, was für ein Scheiß,
wie kriege ich die Kuh vom Eis.

Ob er‘s geschafft hat weiß ich nicht,
drum endet hier nun mein Gedicht.

Das Murmeltier

Zum Tierarzt sprach das Murmeltier,
ich kann nicht schlafen, rate mir.
Der Tierarzt riet dem Murmeltier,
Du pfeifst zu viel, so denk ich mir.

Lang, kurz und schrill reicht völlig aus,
mach keine Melodie daraus.
Es folgte diesem Rate brav
und hielt im Bau den Winterschlaf.

Der erste Gast

Der Umzug ist gottlob geschafft.
Er kostete ihn sehr viel Kraft.
Nun ruht er aus auf seiner Liege.
Der erste Gast ist eine Fliege.

Willkommen kleines Summseltier,
du bist jetzt zu Hause hier.
Das Gastrecht ist ein hohes Gut,
belohnt die Neugier und den Mut.

Rabenaas

Was bedeutet Rabenaas?
Dieses Schimpfwort ist kein Spaß.
Wir sagen es zu den Personen,
die uns mit Bösem nicht verschonen.

Aas alleine würde reichen,
der Rabe sollte aber weichen.
Er ist doch ein kluges Tier
und völlig fehl am Platze hier.

Hamsterwappen

Der Hamster spricht zu seiner Frau
nun weiß ich endlich ganz genau,
bin sehr erstaunt und sage dir,
der Mensch macht es genau wie wir.

Was bei uns ein jeder kennt,
er sogar auch hamstern nennt.
Stolz sagen wir es jedem Kind,
dass wir des Menschen Vorbild sind.

Ja, er hat recht, drum denk ich mir,
er taugte auch als Wappentier.

Es lief ein Huhn zu EDEKA

Es lief ein Huhn zu EDEKA
und freute sich, denn es sah
dort viele kleine Eierkisten,
gut genug, hier mal zu nisten.
Es wurde aber gleich verscheucht
und ist ängstlich schnell entfleucht.

Das war nicht gut, es lief zum Stall
und erzählte überall,
ich war vorhin bei EDEKA,
und freute mich, denn ich sah
dort viele Eierkisten,
gut genug, hier mal zu nisten,
konnte mich hier kaum bewegen
und musste viele Eier legen.
Die Menschen sahen es genau,
es klatschten Beifall Mann und Frau.

Ein Huhn rief laut, ich glaub dir nicht,
du lügst uns an mit der Geschicht.
Am nächsten Morgen siehe da,
lief es schnell zu EDEKA,
sah viele kleine Eierkisten
gut genug, hier mal zu nisten.
Es wurde aber gleich verscheucht
und ist ängstlich schnell entfleucht.

Das war nicht gut, es lief zum Stall
und erzählte überall,
ich war vorhin bei EDEKA,
und freute mich, denn ich sah
so viele Eierkisten,
gut genug, hier mal zu nisten,
konnte mich kaum bewegen
und musste viele Eier legen.
Die Menschen sahen es genau,
es klatschten Beifall Mann und Frau.

Ein Huhn rief laut, ich glaub dir nicht,
du lügst ja auch mit der Geschicht.
Am nächsten Morgen siehe da,
lief es schnell zu EDEKA,
und so weiter und so weiter,
..................?!

Wann endet nun das Gedicht?
Die Zahl der Hühner weiß ich nicht.

Der Koi

Ein Koi kam in den Karpfenteich,
wollt orientieren sich zugleich,
fragt einen Karpfen dick und groß,
wo befinde ich mich bloß?

Der blubberte, wer bist denn du?
Wie siehst du aus? Lass mich in Ruh!
Der Koi war völlig irritiert
und hatte Angst, dass was passiert.

Meerestischlerei

Im Meer gibt's eine Tischlerei
mit Sägefisch und Hammerhai.
Nagelrochen mehr als hundert.
Meeresforscher sind verwundert.
Bei Bedarf ein Doktorfisch,
er behandelt Wunden frisch.

Das Mondkalb

Als ich so ging im Mondenschein
holte mich ein Kälbchen ein.
Es sprach Mondkalb nennen alle mich.
Liebst du den Mond denn so wie ich?

Wer mich trifft, der trifft das Glück,
darum gehe schnell zurück,
einen Wunsch erfüll ich dir,
habe Mut und sag ihn mir.

Ich war völlig überfragt,
stand ganz still, hab nichts gesagt.
Das Mondkalb war inzwischen weg,
ich stand noch am selben Fleck.

Am nächsten Tag vom Baum ein Ast
fiel runter und erschlug mich fast.
Das Mondkalb hatte mich geschont.
Ich fühlte mich sehr reich belohnt.

Nachtrag:
Welchen Wunsch nun auf die Schnelle,
hättet ihr an meiner Stelle?

Hofkonzert

Die Kuh streicht einen Kontrabass,
der Ochse bläst Posaune,
andere Tiere werden blass
und haben schlechte Laune.

Die Ziege klimpert das Klavier,
der Hahn kriecht schnell ins Horn,
er bläst und bläst vergebens hier
und platzt voll Wut und Zorn.

Das Schwein nimmt jetzt die Violine,
der Hund die Klarinette,
spielen leis mit Trauermiene
zwei hahnige Duette.

Zwei Hunde

Es trafen sich zur Morgenstund
ein kleiner und ein großer Hund.
Der erste sprach, wie kann das sein,
Sie sind so groß und ich so klein.

Die Antwort war, Sie haben recht,
ich finde das ist gar nicht schlecht.
Ob groß, ob klein, ist doch egal.
Im Leben ist das ganz normal.

Der Chihuahua freute sich,
Vielen Dank Herr Doggerich!

Sie und Er

Liebe

Sie ist so alt,
wie Mensch
zum Menschen findet
und trotzdem jung
wie diese Stunde,
die jetzt der Uhren
Schlag verkündet.

Vergebens

Mit meinem Stift
schrieb ich langsam,
so ganz in Gedanken,
ihren Namen
auf die Tischdecke.
Vergebens wische ich jetzt,
er geht nicht mehr weg.

Der Kuss

Sie saßen auf einer Bank,
er sprach von Liebe,
wie schön sie sei
und wie groß.
Als er sie endlich küsste,
von ihr besiegt,
flüsterte sie:
Das war das Schönste,
was du bisher gesagt hast.

Der Brief

Jeden Brief, der mich erreicht,
von deiner Hand geschrieben,
lese ich erwartungsvoll,
weil wir uns so lieben.
Glücklich, dass du an mich denkst,
schreibe ich sofort zurück
und meine Zeilen atmen
Freude, Dankbarkeit und Glück.

Ruhe

Ruhe ist schön.
Ruhe ohne Dich
ist Unruhe.
Was ist Ruhe?
Zwei schlafende Kinder
und Du.

Liebe und Freiheit

Unbeholfen,
trotzdem bestimmt,
so schien mir,
kamst du auf mich zu,
ganz leise und
sahst mich an,
lächelnd und schön.

Tief dein Blick und
doch so klar,
dass ich erschrak.
Zurück wollte ich,
weil ich mich schämte,
nach dir zu verlangen
ohne dich vorher zu achten.

Das Vertrauen,
dass du mir brachtest,
durch deine Augen,
presste mich zusammen
wie mit Stricken geknebelt.
Ich gab mich gefangen und
lachte mit dir.

Nachgedacht habe ich dann,
warum mich deine Fesseln
so frei machen und
wie ich dich ergründe,
du unerschöpflicher Brunnen
erquickenden Wassers.

Ich wollte frei sein.
Du aber hast mich gefangen und
noch freier gemacht.

Auf dem Bahnhof

Wenn ich aus dem D-Zug steige,
kann ich viele Menschen sehen,
die sehr schnell dem Liebsten
ein Stück des Wegs entgegen gehen.

Ich bin leider nicht in Eile,
denn mein Herz ist ja so leer.
Traum und Hoffnung sind verloren
und ich finde sie nicht mehr.

Alleine geh ich langsam weiter,
innerlich noch keine Ruh,
doch der Menschenstrom wird breiter,
nimmt mich auf und deckt mich zu.

Wiedersehen

Hin zum Bahnhof fahr ich endlich,
sehe schon die große Uhr.
Liebe Uhr zeig dich erkenntlich,
geh eine Stunde schneller nur.

Viel zu früh bin ich gegangen,
doch für dich hab ich die Zeit.
Pünktlich will ich dich empfangen,
gefühlt noch eine Ewigkeit.

Lächeln

Heute sah ich in der S-Bahn
zum ersten Male ihr Gesicht.
Alles, was die andern schauten,
sah ich diesmal nicht.

Von dem Kopf bis zu den Schuhen,
sie gefiel mir einfach sehr.
Wunderbar den Blick zu ruhen
auf sie allein und keine mehr.

Die S-Bahn hält, das Ziel erreicht,
ich schaue mich noch einmal um,
muss das Abteil nun verlassen,
sie lächelt nicht, ihr Herz bleibt stumm.

Langsam fährt der Zug vorüber,
sie sieht mich stehn, da lächelt sie.
Gar nichts ist zurzeit mir lieber,
so ein Lächeln sah ich nie.

Meine Hand streicht das Geländer,
und alles ist auf einmal gut,
als ich durch den Bahnhof schlender,
glücklich durch die Menschenflut.

Der erste Kuss

Mit ihm beginnt die heiße Liebe.
Ideal, wenn es so bliebe.
Doch endet sie, ob alt, ob jung,
bleibt kalt nur noch Erinnerung.

Willkommen

Frierend eil ich durch die Straßen,
eiskalt wehts von Norden her.
Ja ich will sie heut noch treffen,
wenn ich doch erst bei ihr wär.

Weder Dunkelheit noch Kälte
bringen ab mich von dem Weg,
oft schon bin ich hier gegangen,
kenne jeden Stein und Steg.

Auch der Schneesturm gibt sich Mühe,
denn er stemmt sich gegen mich,
doch er kennt nicht all mein Streben
und sein Tun ist lächerlich.

Sollten tausend Teufel kommen,
ich besiege sie im Nu,
denn mein schärfstes Schwert heißt Liebe,
und diese Liebe bist nur du.

Hände tief in Manteltaschen,
Mütze über beide Ohren,
lächelnd stehe ich vor dir,
rote Nase, halb erfroren.

Gemahl

Sie nennt ihn gerne mein Gemahl
Und er erlebt genau den Sinn,
denn täglich sagt sie öfter mal
geh mal nach hier und dort noch hin.

Fetzen

Eine Frau sieht mit Entsetzen,
in ihrem Garten fliegen Fetzen.
Sie fragt sich ganz benommen,
woher sind diese wohl gekommen?

Da hört sie von nebenan,
immer lauter brüllt der Mann.
Seine Frau nicht weniger schreit,
ja, heftig ist der Ehestreit.

Der Schock

Es war ihr erstes Rendezvous.
Sie gingen aufeinander zu,
so ganz nah auf Du und Du.
Doch wehe, wehe,
es schockte eine Knoblauchzehe.

Der Liebesgott als Fischer

Die ganze Welt ist ein Meer.
Fischer Liebesgott fährt hin und her,
wirft das Weib als Angel aus,
zieht die Männer dann heraus,
die nach des Weibes Lippen schnappen
wie Fische nach dem Köderhappen.
Wenn ihm gut sein Fang gerät,
er sie am Liebesfeuer brät.

(Das ist ein Versuch, den folgenden Spruch des nordindischen Lyrikers und Hofdichters
Bhartrihari in ein Gedicht zu fassen.

„Hier in diesem Meer, der Welt, hat der Fischer
Liebesgott seine Angel, das Weib, ausgeworfen,
mit der er sich Fische, die Männer, die gierig
nach dem Köder, den Lippen des Weibes,
schnappen, aus dem Wasser zieht und am Feuer
der Liebe brät.“

Nachzulesen im Buch „Indische Spruchweisheit Klugreden, Hofsprüche und wahrworte aus dem Sanskrit“1981 Gustav Kiepenheuer-Verlag Leipzig und Weimar.

Rätsel

Das Rätsel

Wer Rätsel löst mit Leidenschaft
verstärkt gern seine Geisteskraft.
So dachte auch ein kluger Mann,
er wollte wissen, was er kann.

Am Anfang ging es noch ganz gut,
jedoch verließ ihn bald der Mut.
Dunkel wars im Kopf und leer.
Die Lösung schien ihm doch zu schwer.

Dann aber ging ihm auf ein Licht,
jetzt verzweifelte er auch nicht,
schrieb das letzte Wort mit Lust
und hat jetzt wirklich mehr gewusst.

Raten, raten, raten

Jetzt folgen Rätsel kreuz und quer,
manchmal leicht und manchmal schwer.
Dreiundvierzig an der Zahl,
schaffst du es mit einem Mal?

Wie die Lösung ist gewesen,
kannst du hier im Anhang lesen.

1 Wie heißt er?

Es gab mehr Arbeit als genug.
Er war faul, zugleich auch klug.
Deshalb überlegte er,
wie krieg ich weniger Arbeit her.

Eine Maschine wäre toll,
die das Rechnen können soll.
Ich muss die Faulheit überwinden
und eine solche selbst erfinden.

Er hat es wirklich auch geschafft,
sparte nun viel Zeit und Kraft
und veränderte die Welt.
Wer war der faule Menschheitsheld?

2 Wer?

Ein Zirkus ist nach ihm benannt
auch einen Markt macht er bekannt.
Der Stich trägt seinen Namen
ebenso ein Pflanzensamen.

In der Kunst nennt man ihn Meister,
weil er pfiffig immer dreister
sich klein erobert seine Welt
und oft gerühmt wird als ein Held.

Hat ein Hund den Plagegeist,
springt er auch zu dir ganz dreist.
Wir meiden ihn aus gutem Grund
und bleiben ohne ihn gesund.

3 Welche drei Freunde?

Für unseren Alltag hergestellt
gibt es drei Freunde auf der Welt.
Je einer scharf und spitz und hohl.
Wir brauchen sie für unser Wohl.

4 Welcher Schöpfer?

Du siehst es, ich bin ein Gedicht
mit viel Geschwistern oder nicht.
Zeichnungen sind auch dabei.
Meistens lustig ei, ei, ei.

Man könnt auch sagen Bildgeschichten,
die humorvoll sich verdichten.
Wer könnte unser Schöpfer sein?
Denke nach, dann fällt's dir ein.

Zwei Figuren weltbekannt
hab ich extra nicht genannt.
Wenn die Kinder das gelesen,
sind sie sehr vergnügt gewesen.

Er hatte seine eigene Art,
der Mann mit Hut und Rauschebart.
Außerdem in Feld und Wald
findest du ihn sicher bald.

5 Was?

Hier geht wohl keiner gerne hin,
doch wenn es sein muss, sitzt man drin.

6 Wer, wie?

Das Fenster auf, schon ist sie drin.
Geruch lockt schnell sie zu uns hin,
Wie kriegen wir sie wieder raus?
Verständnis, Ruhe, kein Gebraus.

Weil sie da draußen sehr viel nützt,
ist sie bei uns naturgeschützt.
Wenn wir uns viel Mühe geben,
wird sie auch noch weiterleben.

7 Welches Licht?

Welches Licht hat keinen Schein?
Denkst du nach, fällt es dir ein.
Die Antwort ist ganz nahe hier.
Es sind drei, vielleicht auch vier.

8 Wer soll das sein?

Er drückt in seines Lebens Lauf
uns öfter seinen Stempel auf,
obwohl wir ihn noch nie gesehen.
Irgendwann muss er dann gehen.

Das Zepter übernimmt ein Neuer
hell brennt nun seines Lebens Feuer.
Der Alte schont jetzt seine Glieder
und meldet sich noch hin und wieder

9 Fisch? und Gebäck?

Hier ist der Fisch, das r nimm weg,
setz es neu ein, dann wird's Gebäck.
Beide sind hier weit und breit
aktuell zu gleicher Zeit.

10 Welcher Kern?

Das Proton ist ein Optimist,
dem Neutron alles schnuppe ist.
Beide bilden einen Kern,
der ist nah und ist auch fern.

11 Welcher Quell?

Für Mensch und Tier von Alters her
Quell der Erfrischung und noch mehr
für Körper, Seele und den Geist,
wohin man in der Welt auch reist.

Von Jahrhundert zu Jahrhundert
haben Künstler ihn bewundert.
Es würde heute unser Leben
ohne ihn wohl so nicht geben.

12 Was ist gemeint?

Sie ist klein, manchmal auch groß,
ein Kunstwerk aber zweifellos.
Der Künstler wird zwar nicht genannt,
die Firma aber ist bekannt.

Man muss das Werk genau studieren,
um es danach zu probieren
und mutig sich zu trauen,
ein neues Heimwerk aufzubauen.

13 Welcher Fisch?

Dieser Fisch wird riesengroß,
dennoch ist er grätenlos.
Von Herodot zuerst genannt,
schon Dinos haben ihn gekannt.

Als Jungfisch wandert er ins Meer.
Wir werden nicht so alt wie er.

Vom größten Fisch der schwarze Rogen
wird mit Gold fast aufgewogen.

Bei uns ist er nach seinem Ende
leider nur noch Fischlegende.
Doch es gibt einen Hoffnungsschimmer
und er bleibt nicht weg für immer.

14 Wer oder was?

Wer erstmals ihren Namen hört,
denkt an Küken und an Stall.
Das ist aber ganz verkehrt.
Sie lebt im Wald auf jeden Fall.

Soviel sei hier noch verraten:
Sie ist auch er, man kann ihn braten.

15 Warum rätselhaftes Möbelhaus?

Er ging sehr oft ins Möbelhaus,
kam aber ohne Möbel raus.
Dann ging er ins Möbelhaus,
kam aber erst nach Stunden raus.
Nun geht er ins Möbelhaus
und kommt mit neuen Möbeln raus.

16 Die eine und die andere

Die eine trägt man im Gesicht,
vielfältig in der Form.
die andere trägt dein Gewicht.
und hat nur eine Norm.

17 Was?

Du suchst etwas und sagst nur ach.
Da liegt etwas im Messerfach.
Es ist klein und flockig weich.
Du staunst nur, entfernst es gleich.

Auf dem Teppich ganz normal
siehst du ihn auch manches Mal.
Doch weißt du nicht, wie es gelang,
dass er lag im Küchenschrank.

18 Welcher Stein?

Er wird sehr kurios genannt.
liegt am Ost- und Nordseestrand.
Ein Loch ist stets in diesem Stein,
egal ob groß, egal ob klein.

Es braucht schon sehr viel Phantasie,
hört man hier vom Federvieh.
Biblisch geht es auch noch zu.
Wie heißt der Stein? Jetzt rate Du.

19 Welche Frucht?

Sie kommt leider nicht von hier.
Teil zwei des Namens kennen wir.
Beim ersten Teil denkt man an Lachen,
wenn Kinder ihre Späße machen.

Nach und nach in unserem Land
wird sie immer mehr bekannt.
Sie ist gerade auf der Reise
durch Küchen für vegane Speise.

20 Wer ist Sie?

Sie kann warten, endlos sein,
schmückt Geschenke groß und klein,
gehört zur Schürze und zum Schuh.
Wer ist sie wohl, was meinst denn Du?

21 Welches Wort?

Dieser giert nach einem Schmaus,
jener sitzt und kommt nicht raus.
Für beide gilt das gleiche Wort.
Du weißt es ganz bestimmt sofort.

22 Wes Geistes Kind?

Der erste liebt das Risiko.
Der zweite denkt so oder so.
Der dritte ist sehr hilfsbereit,
Der vierte möchte keinen Streit.
Der fünfte viel verzeihen kann.
Der sechste ängstlich fängt nicht an.

So unterschiedlich sie auch sind,
es eint sie eines Geistes Kind.

23 Wer oder Was ist es?

Es ist ein kleines Sonnenkind,
davon es weltweit viele sind.
Wärme bringen sie und Licht.
Gefährlich sind sie für uns nicht,
wenn wir sorgsam sie behüten,
damit sie nicht vernichtend wüten.

24 Wie heißt die Stelle?

Du siehst genau es in der Ferne.
Himmel und Erde kuscheln gerne.
Wie heißt die Stelle, wo es scheint,
Himmel und Erde sind vereint?

25 Wer oder was ist gemeint?

Seit der Antike gilt er schon
als menschlich höchster Ehrenlohn.
Jemand wird mit ihm geschmückt,
dem eine Großtat ist geglückt.

Der Volksmund mahnt, nicht auszuruhn,
sondern Gutes weiter tun.

26 Wer ist es?

Ein Vogel ist es wirklich nicht,
wenn man scherzhaft von ihm spricht.
Er hat ein kleines Gartenhaus
und ruht sich sehr gern darin aus.

27 Das kann nur … ?

Von ihr ein Braten ist begehrt,
wird deshalb mit Genuss verzehrt.
Wenn wir eine Meldung lesen,
die ersichtlich falsch gewesen,
fällt uns schnell ihr Name ein.
Das kann nur eine …. sein.

28 Falscher Name?

Es ist ein kleines grünes Tier,
ein Insekt und lebt auch hier.
Nicht dort, wie es der Name nennt
und ist nicht so, wie man es kennt.

29 Wer folgt wem?

Sie sind beide ein Stück Zeit,
sind Unterschied und Einigkeit.
Legt der eine sich zur Ruh,
kommt die andere, deckt ihn zu.
Ist er nach Stunden aufgewacht,
geht sie friedevoll und sacht.

30 Tante Lantand

Dies Rätsel aus dem Bördeland
ist nur noch wenigen bekannt.
Wer zur Lösung ist bereit,
muss zurück in alte Zeit:

Tante Lantand geht übers Land,
keiner hat so viel Beine wie Tante Lantand.

???
Sie ist gebaut zur Krümelei
und hat viel Erfolg dabei.

31 Wer liegt im Obstregal?

Vergleiche hinken manches Mal
wie jener aus dem Obstregal.
Da liegen zwei dicht an dicht.
Identisch sind sie aber nicht.
Der Volksmund weist uns darauf hin,
ein Vergleich macht keinen Sinn.

32 Wer waren sie?

Es lebten einst vier Musikanten,
die sich erst im Alter kannten.
Schaurig ihr Quartettgesang,
den Räubern wurde angst und bang.

33 Welches Wort?

Ein Frosch, ein Esel, eine Gans,
Teufel, Aschenputtel, Hans.
Ein Vogel und ein Mädchen klein,
Rumpelstilzchen solls noch sein,
Auch Dornröschen und Marie –
welches Wort verbindet sie?

34 Welcher Typ?

Dieser Typ ist uns bekannt,
wir finden ihn im ganzen Land.
Von Beginn der Menschheit an
ist er aktiv, ob Frau, ob Mann.

Damals ging es um das Essen,
heute ist er ganz versessen
auf viele Dinge Groß und Klein,
für ihn kann alles wertvoll sein.

Der Trödelmarkt ist sein Revier,
regelmäßig sucht er hier.
Wer ist es nun, den wir kennen,
aber nicht konkret benennen?

35 Wer macht sich breit?

Gibt der Klügere nach im Streit,
macht sich danach die … breit.

36 Wer ist sie?

Man hört sie nicht, man sieht sie nicht,
hat keinen Körper, kein Gesicht.
Sie beruhigt und reget auf
je nach des Alltags Lebenslauf.
Sie ist fern und auch ganz nah,
mal ist sie weg, mal ist sie da.

37 Der Erhabene

Er ist ein Künstler voll und ganz,
bläst die Trompete, liebt den Tanz.
Er gehet nicht, er schreitet,
vom Partner oft begleitet.

Schon zur Pharaonenzeit
war ihm die Sonne zugeteilt.
Im antiken Griechenland
war er Göttern zuerkannt,

Er ist Symbol der Wachsamkeit,
steht für Klugheit stets bereit,
ist auch noch des Glückes Tier,
lebt im Frühjahr, Sommer hier.

Wenn im Herbst er fortgezogen,
ist sein Zauber nicht verflogen.

38 Welches Tier?

Wir alle kennen dieses Tier,
es lebt in allen Gärten hier.
Es sorgt dafür, dass Böden leben
und uns reichlich Ernte geben.

Es ist vielleicht in der Natur
die wichtigste Kreatur.
Charles Darwin sah das so.
Das macht uns bis heute froh.

39 Wie sieht er aus?

Wenn er und sie zur Arbeit gehen,
eilt er manchmal schnell voraus.
Er ist leider nicht zu sehen.
Wie sieht der Unsichtbare aus?

Gut gekleidet, könnte sein,
brav und eifrig noch dazu.
Immer freundlich obendrein.
Ich weiß es nicht, was meinst denn du?

40 Wer ist es?

Seine Spitze ist Legende,
denn er hat ein dickes Ende,
kantig, scharf und unsichtbar,
tückisch lauert hier Gefahr.

41 Welche Kunstfliegerin?

Niemand im Insektenreich
ist im Kunstflug mit ihr gleich.
Wer fliegt vorwärts und bleibt stehen,
kann mit 30 000 Augen sehen,
rückwärts fliegen auf der Stelle,
die Richtung wechseln auf die Schnelle,
mehr als 50 Sachen schaffen?
Da kann man nur bewundernd gaffen.

42 Vom Himmel

Vom Himmel fällt so mancherlei.
Er ist leider nicht dabei.
Auf jeden Fall tut Volkes Mund
uns diese alte Wahrheit kund.

43 Wer ist der Namensgeber?

Er ist nur wenigen bekannt.
Ein Markt, der ist nach ihm benannt,
Höfe und Bahnhof nebenan.
Wie heißt wohl dieser Mann?

Graf war er und General,
damals alles ganz normal.
Schau in die Mitte von Berlin.
Auch ein Buch gibt`s über ihn.

Eins zwei Drei – Kinderrätselei

Der Kaktus hat Stacheln
Im Bad glänzen

Der Topf hat zwei Henkel
Die Schuhe zwei

Der Pfeil hat eine Spitze
Das Bett eine

Ein Raubtier jagt Beute
Im Saal sind viel

Der Hahn hat einen Kamm
Die Bahnlinie einen

Die Wiese hat Kräuter
Die Kuh drauf ein

Ich hab jetzt meine Ruh
Welche Idee hast du?

Anhang

Reimlust?

Wer jetzt Lust zum Reimen hat, der kann es gleich selbst versuchen.
Machen Sie einfach folgendes Gedankenexperiment:
Rufen sie alle 12 Monate ab und beginnen mit dem Januar als Monat eins, danach Februar als Monat zwei usw., endend mit Dezember und der zwölf.

Daraus sollen die gleiche Anzahl Reime entstehen. Jeder Reim beginnt mit dieser Zeile:
An einem Tag im Monat … passierte etwas, dachten Sie etwas, was sich mit einer zweiten Zeile auf die jeweilige Zahl reimt.
Wenn es geht, vielleicht etwas Lustiges oder Kurioses oder auch doofes, was mit Ihrem Leben zusammenhängt oder verbunden ist.

Beispiele:

An einem Tag im Monat eins
verlor ich Geld und hatte keins.

An einem Tag im Monat vier
klemmte ich den Daumen mir.

Viel Erfolg und Spaß!
Man kann diese Reimerei auch in geselliger Runde probieren und jeden auffordern, mit seinem Geburtstagsmonat zu beginnen. Es könnte spannend oder sogar überraschend sein, was dabei herauskommt.

Auflösungen der Rätsel

1 Konrad Zuse (er baute 1941 den ersten funktionstüchtigen Computer)
2 Der Floh
3 Messer, Gabel, Löffel
4 Wilhelm Busch
5 Wartezimmer
6 Die Wespe
7 Geistesblitz, Lichtblick. Idee, Rätsellösung
8 Der Zeitgeist
9 Karpfen und Krapfen
10 Der Atomkern
11 Der Brunnen
12 Die Montageanleitung
13 Der Stör
14 Krause Glucke, auch fette Henne
15 Er liebt die Verkäuferin und sie ihn
16 Sehbrille, Klobrille
17 Der Fussel
18 Der Hühnergott
19 Kichererbsen
20 Die Schleife
21 Der Knast
22 Wagemut, Gleichmut, Edelmut, Sanftmut, Großmut, Kleinmut
23 Das Feuer
24 Der Horizont
25 Der Lorbeerkranz
26 Der Laubenpiper
27 Die Ente
28 Die Heuschrecke
29 Tag und Nacht
30 Die Egge
31 Äpfel und Birnen
32 Die Bremer Stadtmusikanten

Ende-Wort

Liebe Leserin, lieber Leser!
Vielen Dank für Ihr Interesse.
Im ersten Gedichtband im Schlosser-Verlag „Allerlei Alltagsdichterei" stellte ich die Frage, ob vielleicht ein zweiter Band folgen sollte oder auch nicht.
Nun ist die Frage beantwortet, weil sich so viele Gedanken für neue Gedichte aufdrängten.
Wenn dies und das für Sie dabei war, habe ich mein Titel-Versprechen gehalten.

Zum Autor

Dr. Dieter Mechtel, Jahrgang 1944, Journalist, PR-Berater und Buchautor, so auch im Schlosserverlag 2019 „Ich bin der Hecht" und „Literarische Fischtafel."
Die Gedichte betrachtet er als Geistesgymnastik für den Alltag –meistens vergnüglich, mal ernster.

PS

Fehler

Alle hab ich nicht entdeckt,
denn sie sind hier und da versteckt.
Es sollte wirklich wenig geben.
Jetzt muss ich aber damit leben
und bitte nun mein Publikum:
Geh gnädig mit dem Autor um!

Inhalt